KB056096

3

나의
헨리
데이비드
소로

나의 헨리 데이비드 소로

지은이 | 박홍규

1판 1쇄 펴낸날 | 2008년 3월 10일
1판 2쇄 펴낸날 | 2008년 11월 20일

펴낸이 | 이주명
편집 | 문나영
출력 | 문형사
종이 | 화인페이퍼
인쇄 | 한영문화사
제본 | 한영제책사

펴낸곳 | 필맥
출판등록 | 제300-2003-63호
주소 | 서울시 서대문구 충정로2가 184-4 경기빌딩 606호
홈페이지 | www.philmac.co.kr
전화 | 02-392-4491
팩스 | 02-392-4492

ISBN 978-89-91071-52-0 03990

이 도서의 국립중앙도서관 출판시도서목록(CIP)은 e-CIP홈페이지(http://www.nl.go.kr/cip.php)에서
이용하실 수 있습니다. (CIP제어번호 : CIP2008003529)

나의
헨리
데이비드
소로

박홍규 지음

한국인들이 소로를 정확히 언제부터 읽기 시작했는지 나는 잘 모른다. 몇 번이나 조사를 해보았지만 파악할 수 없었다. 반면 일본에서는 1902년에 처음 소개되었는데, 이는 그가 죽고 40년 뒤였다. 이어 1907년에 처음 번역된 《월든》은 지금까지 몇 번이나 되풀이 번역됐고, 그 밖에도 소로에 대한 책이나 글이 수없이 씌어졌다. 아마 일제시대에 그의 책을 일본어나 영어로 읽은 한국인도 많았으리라고 짐작되나 사실은 알 수 없다.

　　내가 소로에 대한 책을 처음 읽은 곳도 일본이었다. 1983년에 내가 유학했던 대학에 일본 최초로 소로 평전을 쓴 고희를 바라보는 한 정치학자가 있었다. 그는 지금보다도 훨씬 형식적이었던 당시 일본의 대학에서 언제나 똑같은 낡은 점퍼를 입고 모든 사람에게 소박한 미소(일본인은 누구에게나 웃지 않고 대부분 눈을 피한다)를 띄워 보냈다. 그런 모습이 너무도 인상적이어서 나는 그에게 관심을 갖게 됐고, 이어 그가 쓴 소로 평전과 소로의 책들을 읽게 됐다. 말하자면 소로의 책이 먼저가 아니라 소로를 닮은 사람이 먼저였던 것이다. 그 노교수를 단순히 소로를 닮은 사람이라고만 할 수는 없지만 그렇게 부른다고 해서 그의 명예를 훼손하는 것은 아니리라. 여하튼 그는 당시 속물주의가 지배하는 일본에서 만난 특이한 소로의 제자였다. 나는 소로와 함께 그의 또 다른 제자들인 톨스토이, 간디, 일리히를 읽으며 그 야비한 일본생활을 이겨낼 수 있었다.

사실 나는 이미 중학교 시절에 로맹 롤랑이 쓴 《간디》와 《간디 자서전》을 통해 소로의 이름을 접한 바 있었다. 그러나 당시 소로의 책이 주위에 없었던지 《월든》을 읽지는 못했다. 그때는 지금과 달리 소로가 한국 학생들의 필독서는커녕 추천서도 아니었다.

그렇게 내 나이 서른이 다 되어서야 일본에서 처음으로 보게 된 《월든》은 그리 감동적이지 않았다. 그로부터 6년 뒤 나는 보스턴에 체류하면서 월든 호수를 찾아갔지만 그때도 그다지 큰 감동은 없었다. 아마 그 시기에 내가 사회주의에 열중해있었기 때문인 듯하다.

그동안 《월든》을 몇 번이나 읽다가 말다가 하다가 처음으로 끝까지 다 읽은 것은 세기말인 1999년, 소로가 죽은 나이와 비슷해진 내가 시골로 이사하고 나서였다. 유치한 짓이었는지 모르지만 나는 시골 구석구석에 버려진 건축자재 쓰레기를 주워 소로처럼 오두막을 짓고 그곳에서 《월든》을 읽었다. 내가 손수 지은 그 오두막에서 '멋대로' 눕거나 앉아 호수와 숲을 바라보며 이 세상에서 가장 '멋대로' 살았던 소로가 그 어떤 장르에도 구속받지 않고 이 세상에서 가장 '멋대로' 쓴 책인 《월든》을 읽을 때의 행복! 그때의 감동을 지금도 기억한다. 당시 나는 앞으로의 세월은 덤으로 사는 것이라고 생각했다. 역시 유치한 말이지만, 나는 어렸을 때부터 소로가 죽은 나이보다 더 오래 살지는 않겠다고 생각했기 때문이다. 그래서인지 비로소 《월든》이 가까이 다가왔다. 그렇게 유치한 친밀감으로 《월든》을 비롯한 소로의 저작들을 다시 읽었다. 그리고 지금 이런 책까지 하나의 덤처럼 쓰게 됐다.

내가 지금 소로에 대해 쓰려는 이유는 간단하다. 대한민국을 미국 같은 경제 위주의 물질만능 국가가 아니라 사람의 나라, 소박한 삶의 나라로 되돌리자는 것이다. 자동차, 컴퓨터, 휴대전화 등 각종 기계와 돈이 판치는 사치의 나라가 아니라 고상한 마음의 나라, 정의의 나라로 되돌리자는 것이다. 배금주의에 미치다 보니 권력에 환장하고 권력을 쫓다 보니 모두들 패거리가 되어 돌아간다. '자유로운 개인이 자치하는 사회'라는 민주주의의 원칙은 흔적 없이 사라졌고, 자연은 철저히 파괴됐다. 이제 우리는 몰락으로 치닫는 이런 발걸음을 멈추고 자유, 자치, 자연을 다시 찾아야 한다.

흔히 소로를 자연주의자, 비폭력주의자라고 한다. 맞다. 그러나 그는 자연주의자임과 동시에 문명주의자였고, 비폭력주의자임과 동시에 폭력주의자였다. 물론 그의 문명과 폭력은 제한적인 것이었다. 어쨌든 우리가 소로에 대해 논할 때 중요한 것은 '저항'이지 그 방법이 폭력이냐 아니냐가 아니다. 소로는 자연주의자와 비폭력주의자임을 넘어서서 19세기 미국의 정치, 경제, 사회, 문화 모두를 거부한 사람이었다. 그의 저항은 악법에 대한 저항, 잘못된 중앙집중적 권력과 자본에 대한 저항이었다. 바로 이 점에서 나는 소로의 사상을 자유, 자치, 자연에서 찾는다.

지금에야 고전의 반열에 올라 필독서로 읽히고 있지만 사실 《월든》을 비롯한 소로의 저작들은 그의 생전에는 거의 팔리지 않은 반(反)베스트셀러였다. 아마 오늘날의 대한민국에서 누가 그런 책을 쓴다 해도 거의 팔리지 않을 것이다. 성공학 서적이 베스트셀러의 반 이상을 차지하는 이 배금주의적인 현실 속에서 탈자본을 외치고 저항을 부르짖는 그런 책을 과연 몇 명이나 보려하겠는가. 그러니 내가 쓴 이 책의 판매야 말할 것도 없다! 그럼에도 불구하고, 단 한 명의 독자를 위해서라도 필요한 책은 내겠다며 소로에 대한 책을 쓰게 해준 필맥의 이주명 대표에게 감사한다.

이 책이 정말 몇 안 되더라도 《월든》을 읽고자 하거나 소로를 알고자 하거나 저항을 꿈꾸는 사람에게 조금이라도 도움이 된다면 얼마나 고마울까!

2008년 2월 박홍규

소로('소로우'라고 표기하기도 하나 한글외래어표기법 규정에 맞추어 '소로'로 표기한다)는 44년이라는 짧은 삶을 살았으나 방대한 작품을 남겼다.

1906년에 휴턴 미플린(Houghton Mifflin)출판사에서 소로의 전집을 최초로 출간했다. 이 판은 1968년에 AMS출판사에 의해 '헨리 데이비드 소로의 저작들(The Writings of Henry David Thoreau)'이라는 시리즈 명을 달고 총 20권으로 재발행됐으며, 1982년에는 마이클 마이어스(Michael Myers)가 새로 서문을 쓴 제2판이 나왔다. 총 20권 중 7~20권은 소로의 일기(The Journal of Henry David Thoreau)를 엮은 것으로, 이 부분은 1962년에 도버(Dover)출판사가 출간한 14권의 소로 시리즈와 같은 것이다.

프린스턴대학출판사에도 월터 하딩(Walter Harding)이 편집을 맡아 1971년부터 소로 전집을 출간하고 있다. 총 30권으로 예정된 이 판은 현재 14권까지 나왔다.

이 책에서 나는 주로 AMS 판을 참고로 하여 소로의 저작을 인용했다. 단, 일기 부분을 인용할 때는 전집상의 권수나 쪽수를 기록하지 않고 일기를 쓴 날짜만을 표시했다. 내가 굳이 전집을 직접 인용하는 이유는 원서 인용주의 때문이 아니다. 나는 번역서가 있는 경우 그것을 우선 인용하는 것을 원칙으로 삼고 있다. 그런데 한국에 나와 있는 소로의 책 중에는 인용할 만한 번역이 별로 많지 않다.

AMS 판의 각 권 제목과, 이 책에서 인용할 때의 출처기록 방식은 다음과 같다.

1권 A Week on the Concord and Merrimack Rivers: 《일주일》

2권 Walden, or Life in the Woods: 《월든》

3권 The Maine Woods: 《메인 숲》

4권 Cape Cod, and Miscellanies: 《케이프코드와 논문》

5권 Excursions, and Poems: 《여행기와 시》

6권 Familiar letters: 《편지》

7~20권 The Journal of Henry David Thoreau: 《일기》

프린스턴대학출판사 판은 시리즈 번호를 달지 않고 각각의 단행본 형식으로 출판되고 있다. 현재까지 출판된 책은 다음과 같다.

《월든》《메인 숲》《개혁론집》《일주일》《번역》《초기논집》《여행》《케이프코드》《편지》《시》《과일과 씨앗》《일기》.

AMS 판의 1~4권과 《시민저항》 등의 에세이는 위에 언급한 전집들 외에도 세계 각국에서 다양한 판본의 소로 선집으로 출판되고 있다. 그중 가장 잘 알려진 것은 랜덤하우스(Random House)의 현대문고(Modern Library) 시리즈로 나온, 브룩스 애트킨슨(Brooks Atkinson)이 편집과 해설을 맡고 타운센드 스커더(Townsend Scudder)가 서문을 쓴 《월든과 헨리 데이비드 소로의 기타 저작들(Walden and other Writings of Henry David Thoreau)》일 것이다. 이 책에는 《월든》, 《일주일》(일부), 《케이프코드》(일부), 《메인 숲》(일부), 《산책》, 《시민저항》, 《매사추세츠의 노예제》, 《존 브라운 대장을 위한 변호》, 《원칙 없는 생활》이 수록돼 있다.

한국어판 《월든》만 해도 양병석 역(범우사, 2006), 박현석 역(동해, 2005), 김성 역(책만드는집, 2004), 권혁 역(돋을새김, 2004). 강승영 역(이레, 2004), 한기찬 역(소담출판사, 2002) 등이 현재 시중에 유통되고 있다. 이처럼 많은 번역이 나온 것을 어떻게 평가해야할 것인가? 이에 반해 소로의 다른 저서는 거의 번역되지 않은 것을 또 어떻게 평가해야 할까? 혹시 이는 소로가 가장 싫어한 상업주의의 결과가 아닐까? 저작권이 소멸된 고전이고 잘 팔린다는 이유로 이 사람 저 사람 아무나 번역할 것이 아니라 한 권의 완벽한 번역본을 탄생시키는 것이 가장 중요하다.

《시민저항》은 1978년에 황문수가 《시민의 반항》(범우사)이라는 논문집으로 처음 국내에 소개한 바 있으며, 현재는 강승영 역(이레, 1999, 한국어판 제목은 《시민의 불복종》)이 유통되고 있다.

《일기》는 부분적으로 번역되어 《리버》(박광종 김은주 역, 기원전, 1996), 《소로우의 일기》(윤규상 역, 이레, 2003), 《나를 다스리는 것은 묵직한 침묵》(최민철 역, 거송미디어, 2006) 등으로 국내에 소개되고 있다.

《산책》은 박윤정 역(양문, 2005)으로 나와 있는데 이 책에는 《일기》의 일부도 함께 실려 있다. 1993년에 처음 출판된 소로의 유고 《씨앗의 확산》은 이한중 역(갈라파고스, 2004)으로, 소로가 신학자 블레이크에게 13년 동안 보낸 《편지》의 반 정도가 《구도자에게 보내는 편지》(류시화 역, 오래된미래, 2005)로 번역됐다.

그러나 《매사추세츠의 노예제》, 《존 브라운 대장을 위한 변호》, 《원칙 없는 생활》을 비롯한 소로의 논문과 1999년 처음 출간된 《야생열매》는 아직 우리말로 번역되지 않았다. 소로의 변혁적 사회사상을 잘 드러내주는 이런 글들이 아직 소개되지 않은 것은 매우 유감스런 일이다. 이는 아마도 한국의 역자들이 소로의 사회사상에는 그다지 관심이 높지 않아서일 것이고, 결과적으로 국내에서 소로가 소극적으로 평가되는 근거로 작용하고 있다.

소로 평전으로는 《헨리 데이빗 소로우》(헨리 솔트 저, 윤규상 역, 양문, 2001, 원저는 1890, 이하 '솔트'로 인용), 《소로우와 에머슨의 대화》(하몬 시므스 저, 소보명 역, 이레, 2005), 《소로와 함께 강을 따라서》(에드워드 에비 저, 신소희 역, 문예출판사, 2004), 어린이용으로 《헨리 데이비드 소로》(엘리자베스 링 저, 강미경 역, 두레, 2005), 《소로우의 오두막》(스티븐 슈너 저, 김철호 역, 달리, 2003)이 나와 있다.

그 밖의 소로에 대한 방대한 영어문헌은 이 책에서 인용할 때마다 주석에서 소개하겠다.

차례

1장 내 친구 소로

왜 소로인가?

본론으로 들어가기 전에 먼저 이 책을 집필하는 이유를 밝히는 것이 순서일 듯하다. 나는 왜 소로에 대해 쓰는가? 문화, 생활, 학문 등 모든 게 양코배기 중심으로 돌아가는 오늘의 세태 속에서 개량한복을 몸이 걸치고 우리의 정신을 사수하자고 외치는 '선비'와 같은 사람이 많다. 그 가운데는 한국을 포함한 동양의 서적 중에도 소로의 《월든》정도는 되는 '자연예찬서'가 무수히 많은데 왜 하필 양코배기 책이냐며 눈살을 찌푸릴 분도 계시리라. 그러나 나는 우리의 전통적 자연예찬 혹은 동양식 자연예찬과 《월든》은 다르다고 본다. 특히 소로는 자연과 함께 저항도 말했다는 점에서 그렇다. 게다가 소로가 말한 저항에는 평화로운 비폭력 저항뿐만 아니라 경우에 따라서는 폭력도 불사하는 저항까지 포함된다.

많은 이들이 소로를 위대한 자연주의자, 자연애호자, 환경보호자로 존경한다. '숲 속의 성자'라며 그를 성인으로 대우하기도 한다. 그러나 나는 그의 생애를 한마디로 '멋대로 산 삶'이라고 정의한다. 사실 우리나라의 자연주의자, 자연애호자, 환경보호자는 대부분 '숲 속의 성자'인 것처럼 너무도 경건하다! 그러나 내가 아는 소로는 그들과는 전혀 다른 사람이다.

나에게 소로는 성자는커녕 반역자이고, 성인은커녕 무법자다. 영화 〈황야의 무법자〉에 나오는 주인공을 소로로 생각해도 좋다고 생각될 정도다. 물론 소로는 총도 말도 소도 갖고 있지 않았고 시가는커녕 시가레트도 피우지 않았지만 돈에 미쳐 서로 싸우는 악당들을 미워하고 그들이 착취하는 원주민이나 흑인노예의 편을 들었다는 점에서 그렇다. 소로가 살았던 시대의 백인은 모두 돈에 미쳐 싸우는 짐승이었다. 그렇다고 해서 '돈에 미쳐 싸우는 짐승'이라는 표현을 굳이 소로가 살았던 시대의 백인에게만 국한시킬 필요는 없다. 지금 대한민국에서도 흔히 볼 수 있는 모습이기 때문이다. 이 점에서는 우리도 서부극에 나오는 악당들과 다를 게 없다.

돈에 미친 악당들이 괴롭히는 원주민이나 노예를 돕는 것은 무법자나 하는 짓이었을 것이다. 그러나 과연 누가 진짜 무법자였을까? 소로는 쫓기는 노예를 구출해 캐나다로 도피시키려고 비밀리에 자금을 마련하고 야음을 틈타 구출한 노예를 이동시키고 야간열차에 태우는 등 서부활극의 주인공 같은 역할을 하기도 했다. 또한 그는 국가가 노예를 해방시키지 않는다는 이유로 납세를 거부했다가 감옥살이를 했다. 그는 《시민저항》의 첫 줄에서 이렇게 선언했다. "가장 적게 통치하는 국가가 가장 좋은 국가다."[1]

혹시 세밀하게 전공 따지기를 좋아하는 독자가 있다면 "당신은 노동법을 전공한 사람인데 왜 통치니 국가니 하느냐"고 내게 물어올지도 모르겠다. 그런 분들을 위해 소로의 대표작인 《월든》을 펼치자마자 나오는 다음과 같은 구절을 제시한다.

"비교적 자유로운 이 나라에서도 대부분의 사람들은 오로지 무지와 오해 때문에 부질없는 근심과 과도한 노동에 젖어 삶의 아름다운 열매를 따지 못하고 있다. 지나친 노동으로 너무나도 투박해진 그들의 손가락은 열매를 딸 수 없을 정도로 떨린다. 사실 노동자는 언제나 여유가 없어 완전한 삶을 살 수가 없고, 충분한 인간관계를 맺을 수도 없으며, 자기의 노동을 시장에 팔면 그 가치가 하락한다. 그에게는 기계가 아닌 다른 무엇이 될 수 있는 시간도 없다."[2]

이 구절에서 보듯이 소로만큼 기계 같은 나날을 보내는 노동자의 삶을 정확하게 파악하고, 그것을 개탄하고, 그런 기계 같은 생활로부

---

1 《케이프코드와 논문》, p. 356. 이는 소로가 제일 먼저 한 말은 아니다. 그동안의 연구에 따르면 토머스 페인(1737~1809)이 《상식(Common Sense)》에서 이 말을 가장 먼저 사용했다고 한다. 이에 대해서는 Samuel Eliot Morison, The Oxford History of the American People(New American Library, 1972)의 vol. 1, p. 404와 vol 3, p. 83을 보라. 이 말은 그동안 "가장 적게 통치하는 '정부'가 가장 좋은 '정부'다"라고 번역돼왔다. 그 원문인 'That government is best which governs least'에서 'government'는 지금 우리가 말하는 '정부'를 가리킨 것이라기보다는 '국가'를 가리킨 것이라고 생각된다.
2 《월든》, p. 6.

터 탈출하고자 한 사람도 없다. 그러나 이 정도로 만족할 수 없는 분들을 위해 소로의 책에서 구절 하나를 더 인용해본다.

"돈을 벌기 위한 수단은 거의 예외 없이 인간을 타락시킨다. '오로지' 돈을 벌기 위해 일을 한다면 그것은 지극히 게으른 생활, 아니 그보다 못한 생활을 하는 것이다. 노동자가 만일 사용자가 지불하는 임금만 얻고 그 이상을 얻지 못한다면 그는 속임을 당했거나 자신을 스스로 속인 것이다. 만일 당신이 저술가나 강연자로서 돈을 벌고자 한다면 반드시 대중적으로 돼야 하니 타락하지 않을 수 없다. 지역사회가 기꺼이 보수를 지불하는 공적인 일도 받아들이면 불쾌하기 짝이 없는 일이 된다. 당신을 인간 이하로 타락시키는 일에 대해 임금이 지불되기 때문이다. 그렇다고 국가가 일반적으로 지역사회보다 현명하게 천재를 대우하는 것도 아니다. 계관시인도 왕실행사를 축하하는 시 따위는 쓰고 싶어 하지 않으리라."[3]

사실 노동법 전공자인 나는 《월든》 같은 책이 그 어떤 노동 관련 책보다 뛰어나다고 생각한다. 게다가 《월든》은 마르크스의 《자본》보다 훨씬 앞서 출판된 책이다. 그러니 노동법학자인 내가 이 책을 쓰는 것도 전혀 이상할 게 없으리라고 본다. 내가 굳이 이런 해명으로 시작하는 것은 그동안 겪은 일련의 경험 때문이다. 이를테면 언젠가 법무

3 《케이프코드와 논문》, pp. 458~459.

부의 형법 개정안에 대해 비판한 내 글이 신문에 실린 적이 있는데 그때 법무부의 검사라는 자가 그 글을 보고 전화를 걸어와 "형법 전공자도 아닌 당신이 왜 그런 글을 쓰느냐"고 내게 따지듯 물었다. 그런 황당한 질문에 일일이 답변하기란 여간 번거로운 일이 아니다.

지성을 조롱하다

앞에서 소로를 '멋대로' 산 '황야의 무법자'이며 노동의 타락을 개탄하고 국가의 권력을 최소한으로 줄여야 한다고 주장한 사람으로 소개했다. 그런 소로의 여러 모습을 한마디로 표현하면 '반지성주의자'다. 소로는 대학교육에 의해 형성되는 지성에 의문을 던지고 '삶의 예술(the art of life)'을 존중했다. 그는 《월든》의 앞부분에서 이렇게 말한다.

> "'자발적 빈곤'이라고 부를 만한 고지에 오르지 않고서는 누구도 인간생활을 공정하고 현명하게 관찰할 수 없다. 농업, 상업, 문학, 예술을 막론하고 불필요한 삶이 낳는 열매는 사치뿐이다. 오늘날 철학교수는 있지만 철학자는 없다. 그럼에도 삶다운 삶을 사는 것이 한때 보람 있는 일이었다면 지금은 철학교수가 되는 것이 그렇다. 철학자가 된다는 것은 단지 난해한 사색을 하거나 어떤 학파를 세우는 일이 아니라 지혜를 사랑하고 그 가르침에 따라 소박하고 독립적인 삶, 너그럽고 신뢰하는 삶을 사는 것을 뜻한다. 철학자가 되는 것은 인생의 문제를 그 일부분이나마 이론적으로, 그

리고 실제적으로 해결하는 것을 뜻한다. 위대한 학자와 사상가들의 성공은 군자답거나 남자다운 성공이 아니라 대개는 아첨하는 신하로서의 성공이다. 그들은 자기 조상들이 그랬던 것처럼 적당히 타협하면서 그럭저럭 살아가기 때문에 보다 고상한 인류의 원조가 될 수 없다."[4]

"오늘날 철학교수는 있지만 철학자는 없다"는 말은 단지 철학의 경우만이 아니라 모든 학문과 예술에 다 해당된다. 오늘날 교수는 있지만 학자도, 예술가도 없다. 오늘날 교수는 있지만 인간은 없다. 소로는 교수만이 아니라 대학 자체를 부정했다. 그는 하버드대학 출신이었지만 재학 중에는 물론이고 평생 그 대학을 자랑하기는커녕 극도로 경멸했다. 그곳은 규칙과 관습, 그리고 허용되는 이념만을 대변하는 곳이었다. 그래서 그는 평생 그곳의 동창회 회원이 되는 것조차 거부했다.

소로는 《월든》에서 자기가 28달러 정도의 비용만 들여 오두막집을 지은 과정을 상세히 말한 뒤 하버드대학은 그 오두막과 비슷한 크기의 방에 대해 매년 30달러씩이나 세를 받는다고 비난하고, 학생들이 자치적으로 관리한다면 방세가 10분의 1로 줄어들 것이라고 말한다. 또한 그는 대학은 학비만 비싸고 '삶의 예술'은 가르쳐주지 않으니 대학에서 공부하는 것보다 직접 인생에 뛰어들어 거기서 배우는 것이 가장 좋다고 말한다. 이런 소로가 천재나 위인을 대수롭지 않은 인물로 보고 인디언이나 농민을 훨씬 훌륭한 사람으로 칭송한 것은 당연한 일

4 《월든》, p. 16.

이다. 그는《일주일》에서 다음과 같이 말한다.

"한가하게 공부하는 것보다 더 수치스러운 일이 있을까? 장작 패는 법이라도 배워라. 학자도 땀 흘려 일하고, 여러 사람과 대화하고, 다양한 사물과 접할 필요가 있다. 노동은 공부 못지않게 집중력을 요한다. 따라서 자신의 글에서 쓸데없는 수다와 감상을 제거하는 가장 분명하고 좋은 방법은 노동을 하는 것이다. 아침부터 저녁까지 열심히 일한 당신은 그렇게 일한 시간 동안 생각의 흐름을 놓쳐버렸다고 슬퍼할지도 모른다. 하지만 저녁에 집으로 돌아와 그날의 경험을 단 몇 줄의 글로라도 적어놓아 보라. 상상력은 뛰어나나 게으른 공상에 불과한 글보다는 더 음악적이고 진실한 글이 될 것이다. 작가란 모름지기 노동자의 세계를 다루어야 하며, 따라서 그 자신의 삶 역시 그러해야 할 것이다."[5]

천재와 위인에 대한 소로의 비판은 대학, 문명, 산업 등에 대한 비판과 통한다. 그 모든 것은 지성의 소산이니 그런 것에 반대한 소로의 입장은 철저한 반지성이다. 그리고 소로는《월든》전체를 통해 지성의 향상이 아닌 내면의 각성을 촉구한다. 이런 그의 입장은 미국의 전통인 '반지성=개성=인격중시'와 통한다.

소로가 살았던 시대에 미국의 지성을 대표한 철학자는 에머슨이다. 에머슨은 소로의 선배이자 선생으로서 그에게 중요한 영향을 끼쳤

5 솔트, 214~215쪽에서 재인용.

다. 그러나 두 사람은 서로 대조적이었다. 소로는 저항을 가르쳤지만 에머슨은 자기신뢰를 가르쳤다. 소로는 비폭력주의자인 간디와 킹에게 영향을 끼쳤지만, 에머슨은 비합리주의 철학자인 니체와 전체주의의 상징인 히틀러에게 영향을 끼쳤다. 19세기 전반기를 함께 살다 간 에머슨과 소로가 상반되는 20세기 사상의 중요한 기원이었다는 점은 대단히 흥미롭다.

숲으로 들어간 이유

《월든》을 읽고서 전원생활을 꿈꾸게 되어 귀농했다는 사람들은 《월든》을 무슨 성경인 것처럼, 소로를 무슨 성인인 것처럼 떠받드는 경향이 있다. 그러나 소로는 귀농은커녕 제멋대로 호숫가에 통나무집을 짓고 대략 2년 정도 건들건들 놀았을 뿐이다. 그 기간에 그는 심심해지면 마을에 가서 놀았고, 세금을 내지 않아 감옥에 갇히기도 했다. 그가 숲속 호숫가로 잠시 은둔한 이유는 농촌생활을 동경해서도 아니었고, 농사짓는 일을 무슨 대단하고 특별한 일로 여겨서도 아니었다. 돈독이 오른 사람들이 돈벌이에 미치는 것밖에 달리 사는 방법이 없다고들 하는 통에 화가 나서 그렇지 않다는 것을 보여주기 위해서였다. 죽어라 일에 매달리는 것을 싫어한 그는 일주일에 엿새 일하고 하루 쉴 게 아니라 하루 일하고 엿새 놀자고 말하기도 했다. 물론 그렇게 말한 것도 그가 숲으로 간 행위와 마찬가지로 하나의 실험, 하나의 모험일 뿐이었다. 그에게 중요한 것은 물질만능주의에서 벗어나 늘 정신적인 여유를 갖고 살아가는 '멋대로의 삶'이었다.

당시 미국의 숲은 인디언이 숨어 살거나 노예가 도망치다가 숨는 음험한 범죄의 소굴, 악의 소굴이었지 신사숙녀 백인이 들어가 살 만한 곳이 아니었다. 그러나 소로는 우아한 신사숙녀를 싫어했고, 오히려 학대받는 원주민이나 노예에게 공감했다. 때문에 그는 숲으로 들어가는 것을 조금도 두려워하지 않았다. 그는 숲 속의 원주민과 노예처럼 모험과 위기를 피하지 않았고, 늘 새로운 발견을 추구했고, 정형화된 생활습관에 매이는 것을 극도로 싫어했다. 그에게는 자신이 생각하는 정의에 따라 '멋대로' 반항하고 반역하는 것이 인간다운 행위이자 국민으로서 법을 지키는 것보다 앞서는 일이었다.

"우리는 먼저 인간이어야 하고 그 다음에 피통치자여야 한다고 나는 생각한다. 정의에 대해 느끼는 만큼의 존경심을 법에 대해 기르는 것은 바람직하지 않다. 내가 당연히 받아들여야 하는 유일한 의무는 언제나 나 자신이 옳다고 생각하는 대로 실천하는 것이다."[6]

그러니 그는 숲 속 나무 밑에 앉아 도가 저절로 찾아오기를 기다리며 불철주야 도를 닦는, 또는 밑도 끝도 없는 말을 주절거리며 선을 한다고 하는 신비의 도사가 아니었다. 그가 들어간 숲은 낙향한 선비가 음풍농월하며 읊었다는 귀거래사 속의 자연이 아니었다.

6 《케이프코드와 논문》, p. 358.

굳이 우리 역사에서 소로와 같은 인물을 찾는다면 홍길동이나 임꺽정이나 장길산일 것이고, 그렇다면 그런 도둑들이 숨어살던 자연이 곧 소로의 자연일 것이다. 그들은 자연에 대한 노래는커녕 자연을 예찬하는 말 한마디도 남기지 않았다. 하지만 내가 이해하는 소로의 자연은 그런 도둑들의 자연이다. 물론 소로는 도둑이 아니었고, 떼를 지어 다니던 도둑과 달리 홀로였다. 그야말로 홀로 고독한 '황야의 무법자'였다.

소로는 특히 고행의 노동을 강요하는 세상이 싫어 도망치다시피 숲에 들어가 2년 정도 짐승처럼 뒹굴며 살다가 당연하게도 그런 생활이 지겨워지자 새로운 경험을 위해 숲을 떠났고, 그 뒤로 다시는 숲으로 돌아가지 않았다. 그런 그를 '숲 속의 성자'라고 부르다니, 나로서는 도저히 이해할 수 없다. 그는 성스럽기커녕 짐승스러웠다. 성자이기는커녕 야인, 즉 들판의 사람이었다. 숲 속보다 오히려 황야가 어울리는 사람이었다. 그야말로 고독한 황야의 무법자였다.

소로는 숲에 들어가기 전에도 숲에서 도끼로 찍어낸 나무로 '멋대로' 만든 보트를 타고 강을 거슬러 그 원류를 찾아가는 위험한 모험을 하는 등 수없이 강과 산을 탐험했다. 그는 대학교수였던 적은 물론이고 서재에만 앉아있는 나약한 학자였던 적이 단 한 번도 없었고, 언제나 모험을 즐기고 그 모험을 토대로 글을 썼다. 이 점에서 그는 헤밍웨이의 대선배였다. 나도 소로처럼 모험과 탐험을 하고 싶다. 그러나 이미 이 나라에는 내가 은둔할 숲도, 보트를 만들 나무도, 보트를 띄울 강도, 오두막을 지을 땅도 없다. 때문에 지금의 나로서는 그저 그에 관한 글이나 쓸 수 있을 뿐이고, 그나마 그렇게 할 수 있다는 것이 내게 큰 행복이다.

소로는 평생 거의 무명이었다. 몇 번의 강연을 한 덕에 인구 2천 명의 고향 콩코드와 그 주변 마을들에는 그의 이름이 조금 알려졌으나 그마나 악평이 더 많았고, 생전에 출판한 단 두 권의 책은 몇백 부 정도밖에 팔리지 않았으며, 몇 권의 잡지에 발표한 글도 거의 인기가 없었다. 내가 사랑하는 빈센트 반 고흐보다는 나았지만 평생 세상의 인정을 받지 못하고 살았다는 점에서는 마찬가지였다. 아니 평생 세상의 인정을 받지 않으려고 세상과 거꾸로 '멋대로' 살았다는 점에서는 두 사람이 똑같았다.

나는 반 고흐의 그림이 세상에서 가장 비싸게 팔리는 것을 정말 싫어한다. 마찬가지로 소로가 마치 구세주인양 떠받들어지는 것도 정말 싫다. 나는 반 고흐를 좋아하고 그의 그림도 좋아하지만 그와 그의 그림이 세계 최고라고는 생각하지 않는다. 내가 그만큼 좋아하는 다른 화가도, 그의 그림만큼 좋아하는 다른 그림도 많다. 소로가 마치 구세주라도 되는 것처럼 그와 그의 《월든》을 섬기는 꼴은 정말이지 보기 싫다. 소로도, 그의 《월든》도 그렇게 대단한 것은 아니다. 우리가 참고할 수 있는 많은 사람과 책 가운데 하나에 불과하다.

소로에게는 문제점도 많다. 뒤에서 다시 살펴보겠지만 소로는 그자신이 살았던 19세기 미국이라는 조건의 제약에 분명히 매인 사람이었다. 가령 그에게 평생취미였던, 아니 가장 중요한 생활이었던 산책에 대해 그가 쓴 글의 제목인 'Walking'은 동부에서 서부로 향한 발걸음, 즉 '미 제국주의의 발걸음'으로 풀이될 수도 있다. 게다가 그가 쓴 글의 여기저기에서 이슬람을 비롯해 세계의 여러 문화에 대한 편견이 드러난다. 그에 대해서도 전형적인 제국주의 작가이자 오리엔탈리스 트라고 비난하는 것이 가능하다.[7] 나는 이런 점을 상세하게 지적하거나 비판적으로 검토할 수도 있고 그렇게 하는 것이 필요한 일이라고 생각하지만 이 책에서는 그것이 주제가 아님을 분명히 밝혀둔다. 이 책에서 내가 관심을 두는 측면은 그가 '멋대로' 살았다는 점이다. 따라서 바로 이 점에 중심에 두고 소로를 소개하고자 한다.

요컨대 나는 소로를 위인이나 영웅이 아니라 '멋대로' 산 수많은 인간들 가운데 한 사람으로 소개하고 싶을 뿐이다. 여러분 중 이미 '멋대로' 살고 있거나 앞으로 '멋대로' 살기를 원하는 사람이 있어 이 책을 읽고 소로를 친구로 삼게 된다면 그것으로 충분하리라. 내가 이 책에서 목적하는 바는 그 정도다.

멋대로 자유롭게

앞에서도 언급했듯이 나는 소로의 삶을 '멋대로 산 삶'이라고 정의한다. 국어사전을 찾아보면 '멋대로'란 '아무렇게나 하고 싶은 대로, 또

....
7 소로의 시대는 미국이 서부로 급속하게 영토를 확장한 시대였고, 소로도 그런 영토의 확장에 비판적이지 않았다. 사실 소로도 관여한 초월주의 자체가 '확장의 철학'이었다. 소로의 제국주의적인 측면에 대해서 미국을 비롯해 세계 어디에서도 연구된 적이 없는 것은 물론이고 간단하게나마 지적된 적도 없다는 점은 대단히 유감스럽다. 그러나 이는 소로에게만 해당되는 문제가 아니라 서양의 저술가 모두에게 공통적으로 해당되는 문제다. 서양문학을 연구하는 사람들은 이 점에 대해 왜 그렇게도 철저하고도 완벽하게 침묵하는지 나로서는 도저히 이해할 수 없다.

는 제 마음대로'로 풀이돼 있다. 이 말은 그 뉘앙스가 긍정적일 수도 있고 부정적일 수도 있지만 대체로 '자기 편한 대로', '독단으로'와 같은 부정적인 의미로 주로 쓰인다. 왜 '멋대로' 속의 '멋'이란 말의 의미가 살아있지 않을까? '멋대로'의 '멋'과 '멋있다'의 '멋'은 전혀 다른 것일까? '멋대로' 사는 것이, 즉 아무렇게나 하고 싶은 대로, 또는 제 마음대로 사는 것이 '멋있게' 사는 것일 수 없는 이유는 뭘까? 마음 내키는 대로, 자유의사대로 사는 것이 왜 '멋진' 삶일 수 없을까?

무엇인가를 '멋대로' 한다는 것은 내 '멋'으로, 내 '마음'에 충실하게, '자유'로이 하는 행동이 아닐까? 남에게 폐를 끼치지 않는 한 내 멋으로, 내 마음대로, 자유롭게 사는 것이 '멋대로' 사는 것이 아닐까? '멋대로 사는 삶'은 바로 '자유롭게 사는 삶', '자유인으로 사는 삶'이다. 소로의 한 친구가 소로의 삶을 가리켜 "신선하고 간소한 생활을 위해 자신을 사회로부터 해방시키고 제도의 주문(呪文), 관습의 주문, 편의주의의 주문으로부터 해방시킨 삶"[8]이라고 말했을 때의 '해방된 삶'이 바로 그것이다. 제도, 관습, 편의주의의 모든 미신이나 권위로부터 해방되어 자기 자신에게 충실하게, 언제 어디서나 자기 자신으로 사는 것이 '멋대로 사는 삶'이다.

여기서 주의할 것은 제도나 관습을 탈피한 삶이 원칙 없이 사는 삶을 가리키는 것은 아니라는 점이다. 소로가 보여준 자유인의 삶은 더욱 철저한 원칙, 특히 물질주의가 아닌 정신주의의 원칙에 충실한 삶이었다. 그것은 철저한 정신적 탐구를 하는 삶이었다.

----
8 《편지》, p. 159.

소로는 "생계를 위해 인생의 대부분을 소비하는 인간만큼 치명적인 실패자는 없다"[9]고 했다. 황금에 미친 세상을 비판하고, 특히 지식인들이 대중주의 사상, 아니 '무사상'에 젖어 패거리 도당을 만들고 있다고 비난한 것이다. 또한 뉴스나 신문도 지극히 공허하고 무익하다고 비판하고, 자연을 가까이 하라고 권한다.[10]

"여름이 시작될 때부터 가을이 한창일 때까지 당신은 신문이나 뉴스를 잊고 지낼 수 있었다. 지금 와서 생각해보면 그 이유는 아침과 저녁이 당신에게 와서 많은 뉴스를 전해주었기 때문임을 알 수 있다. 당신의 산책은 사건으로 가득 차 있다. 당신의 관심을 끄는 것은 유럽의 정세가 아니라 매사추세츠 들판에서 일어나는 당신 자신의 일이다. (…) 태양이 매일 뜨고 지는 것을 실제로 보고 우리 자신을 우주의 사실과 관련시킨다면 우리는 언제나 건전함을 잃지 않으리라."[11]

소로의 '멋대로'는 그 자신에게는 사실 대단히 건전하고 고상한 것으로 당연히 '멋있는' 것, 아니 그 이상으로 '멋진', 그야말로 '훌륭한' 것이었다. 물론 그것은 사치스럽거나 호화로운 것과는 거리가 먼 것이었다. 요컨대 물질적인 것이 아니라 정신적인 것이었다.

소로의 용모는 결코 요즘 말하는 '멋있는' 남자, 혹은 '잘난' 남

9 《케이프코드와 논문》, p. 461.
10 《케이프코드와 논문》, p. 471.
11 《케이프코드와 논문》, pp. 472~473.

자가 아니었다. 그는 키가 매우 작았고, 팔이 길었고, 손발이 컸고, 코도 길면서 갈고리처럼 굽어 있었다. 그는 매일 똑같은 코트를 걸치고 아래를 보며 걸었고, 상대방을 똑바로 바라보지 못해 눈길을 상대방의 어깨 너머에 두었다. 손은 늘 축축하게 젖어 있어 악수를 할 때마다 상대방에게 불쾌감을 주었다. 그러나 웃음만큼은 호탕해서 모든 이를 놀라게 했다.

자기탐구 여행

소로는 우리에게 즉시 더 멀리 자기탐구 여행을 하기 시작하라고 말한다. 그러면서 우리가 꿈꾸는 방향으로 자신감을 갖고 나아간다면, 상상의 나래를 펴는 생활을 하려고 노력한다면 예상하지 못한 성공을 거두게 될 것이라고 격려한다. 생활을 단순화하면 우주의 법칙도 복잡하지 않게 되고, 고독은 고독이 아니게 되고, 빈곤은 빈곤이 아니게 되고, 허약은 허약이 아니게 되고, 공중누각을 세우는 것도 무익하지 않게 된다고 한다. 공중누각은 공중에 있기 마련이니 그것을 튼튼한 밑돌로 받쳐주면 충분하다는 것이다.

　　이 책은 그런 소로의 말대로 시도해보는 '자기탐구의 여행'이다. 나는 자기탐구의 여행에 관한 수많은 책 중에서 소로의 《월든》이 가장 좋은 책이라고 생각한다. 소로는 스물여덟에 세상이 돈에 미쳤다고 생각하고 그런 세상을 떠나 숲 속 호숫가에 오두막을 짓고 그곳에서 살면서 2년 2개월 2일 동안 홀로 자기탐구의 여행을 했다. 그것은 하나의 실험이었다. 그는 삶에서 다른 선택의 여지가 없다고 생각하는 사람들에게 그렇지 않음을 보여주기 위해, 오래 전부터 불가능한 것으로 굳어져 온 것도 일단 시도해보면 그것이 가능함을 알 수 있음을 보여주기 위해 숲으로 간 것이다.

소로는 2천 명 정도가 사는 작은 시골마을에서 평생을 살았다. 뉴욕이나 서울 같은 대도시에 비하면 매우 작고 평화로운 곳이었다. 그럼에도 그는 그 시골마을의 삶도 저열하다고 생각해 2년여 동안 숲 속 호숫가로 가 살았던 것이다. 그 호숫가는 가장 가까운 이웃으로부터도 1마일 이상 떨어진 곳이었다. 그는 그곳에서 자기만의 삶을 추구했고, 그런 자기의 모습을 마을사람들에게 보여주어 그들의 삶도 개혁시키게 되기를 원했다. 소로는 매사에 전혀 추상적이지 않고 매우 구체적이었다. 그렇기에 그의 삶과 글은 오늘을 사는 우리에게도 설득력이 있다. 그는 언제나 마을사람들의 삶에 대해 생각했고, 강연 등을 통해 그들과 대화를 나누었다. 그가 쓴 글은 그런 사색과 대화의 기록이다. 그래서 그의 글은 모두 살아 있다.

소로가 평생 고향을 떠나지 않으면서 고향사람들에 대해 생각하고 말하고 썼다고 해서 그에게 신토불이, 민족주의, 국적주의, 향토주의 따위의 표현을 갖다 붙이는 것은 옳지 않다. 그는 고향의식도, 조국의식도, 애국의식도, 미국주의도 갖고 있지 않았고, 그 어떤 가치에도 집착하지 않았다. 고향과 그 숲, 호수, 사람들도 그에게는 단지 우연에 불과했다. 그는 그저 자연의 일부에서 사는 사람들을 관찰하면서 어떻게 사는 것이 옳거나 좋은 지를 생각했을 뿐이다. 그래서 오히려 그가 시대와 국적을 초월해 오늘날 한국에서 살아가는 우리에게도 공감을 불러일으키는 것이다.

숲 속의 생활 자체가 중요한 건 아니다

다시 강조한다. 소로는 작고 평화로운 시골마을에서 살면서 그곳 사람들이 돈을 벌려고 열심히 사는 모습을 안타깝게 여겨 그들에게 삶의 방식을 바꾸라고 외쳤을 뿐이다. 덜 열심히 일하고 덜 벌면서 소박하고 인간답게 자연의 변화에 맞추어 살아야 한다고 주장했을 뿐이다.

그리고 그는 숲으로 들어가 생활함으로써 자기가 외친 새로운 삶의 한 예를 몸소 보여주었다. 그러나 그것은 어디까지나 소박한 삶을 살라는 얘기였지 숲 속에 들어가 살라는 얘기는 아니었다. 소박한 삶을 사는 장소는 숲일 수도 있고, 산일 수도 있고, 바다일 수도 있다. 심지어 자연이 아닌 도시에서도 소박한 삶을 사는 것이 얼마든지 가능하다. 중요한 것은 장소가 아니라 삶의 방식인 것이다.

주변에서 소로에 대해 이야기하는 것을 들어보면 소로가 평생 숲 속에서 살았다고 생각하는 사람이 의외로 많다. 대부분은 소로가 얼마나 소박한 삶을 살았는가보다 그가 자연 속에서 생활했다는 것을 더 중요하게 여긴다. 그런 태도는 주말등산이나 여름피서에 온 국민이 매달리는 것을 연상시킨다.

정도의 차이는 있지만 이런 태도는 일본과 미국에서도 마찬가지다. 일본의 경우 오랜 세월 《월든》이 《숲의 생활》이라는 제목으로 번역돼 왔다. 《월든》의 원제가 'Walden; or, Life in the Woods'이니 '숲의 생활'이라는 번역이 완전히 틀린 것은 아니다. 문제는 이것을 '숲의 생활'이라고 번역하면 이 책이 마치 투철한 자연애호자의 자연생활을 기록한 것만으로 오해될 수 있다는 것이다. 이 점을 꼭 짚고 넘어가야 하는 이유는 소로가 죽기 두 달 전에 출판사에 편지를 보내어 책제목에서 'or, Life in the Woods' 부분을 삭제해 달라고 요청했기 때문이다. 그러나 출판사는 이런 소로의 요청을 받아들이지 않았다.

소로는 겨우 2년여 동안만 숲 속에서 살았고, 그 뒤에 다시 마을로 나와 살다가 생을 마감했다. 그는 숲에서도 사회와 단절된 삶을 살지 않았다. 그는 숲에 들어간 지 1년쯤 됐을 때, 그러니까 스물아홉 살에 남의 나라를 침략하고 노예를 두는 나라에는 세금을 낼 수 없다고 주장하다가 감옥에 갔었고, 그렇게 자기가 감옥에 갇힌 것을 자랑스러워했다. 이후 그는 그런 정도의 소극적인 비폭력 저항으로는 세상을 바꿀 수 없다고 생각해서 보다 적극적인 폭력적 저항의 필요성을 주장했다.

소로가 살았던 19세기 초의 미국보다 21세기 초의 대한민국이 더돈에 미쳐 있다. 이런 세상이 좋은 사람도 있겠지만, 생각이 있는 사람이라면 소로처럼 물질을 추구하는 삶에서 벗어나 자기탐구를 시작해보고 싶으리라.

'멋대로' 사는 것이 반드시 성공적인 삶이라고는 할 수 없다. 사실 '멋대로' 산 소로는 평생 고정된 직업을 갖지 못한 채 자녀는 물론아내도 없이 항상 고독하게 자기탐구 여행을 계속하다가 마흔네 살에 결핵으로 생을 마감했다. 객관적으로 볼 때 결코 성공적이라고 할 수 없는 삶이었다. 그러나 '성공'이 인생을 평가하는 절대적인 기준일 수는 없다. 더구나 '멋대로 사는 삶'에 대한 평가는 각자가 스스로 '멋대로' 내릴 수 있을 뿐이다. 남들의 평가는 사실 무의미하다.

소로는 세계적인 명문이라는 하버드대학 출신이었지만 "양에게나 돌려주라"(옛날에는 대학 졸업장이 양피지로 만들어졌기 때문에 미국의 구어로 졸업장을 '양의 껍질'이라고 부른다)며 졸업장을 받지 않았을 정도로 그 대학 졸업장을 무시했다. 뿐만 아니라 그는 당시의 관습인 주6일 노동이 아닌 주1일 노동을 신조로 삼고 '좋은 직장' 따위는 철저히 경멸했다. 그는 대학을 졸업한 뒤 고향으로 돌아가 평생을 한 주에 하루 막일꾼 정도의 일로 돈을 조금 벌어 그 돈으로 살면서 나머지 엿새는 산책, 자연관찰, 독서, 집필 등으로 자기탐구를 했다.

여러분도 그렇게 사는 삶에 조금이라도 관심이 가는가? 그렇다면 이 책을 계속 읽어도 좋다. 만약 그렇지 않다면 이 책을 쓰레기통에 던져버려라. 대학 졸업장이 소중하고 취업이 주된 목표이며 특히 돈이 중요한 사람에게는 이 책이 무용하기 때문이다. 아니 방해만 될 뿐이다. 언젠가 나는 한국의 어느 잘 나간다는 잡지를 사람들이 볼 필요가 없다고 생각해 쓰레기통에 던져버리라고 했다가 그 잡지를 내는 회사로부터 명예훼손으로 고소하겠다는 말을 들었다. 그러나 나는 독자가 이 책을 쓰레기통에 던져버려도 그렇게 할 생각이 전혀 없으니 누구든 이 책을 쓰레기통에 던져버리고 싶다면 즐겁게 그렇게 하시라.

소로는 혼자 있고 싶을 때에는 혼자 있고, 사람들을 보고 싶을 때에는 사람들을 보고, 하고 싶은 일이 있을 때에는 그 일을 하는 것이 중요하다고 말했다. 그는 특히 자신이 옳다고 생각하는 일이 있다면 누가 뭐래도, 다수가 달리 말해도 그 일을 자신의 생각대로 해야 한다고 주장했다. 그가 추구한 삶은 종교인처럼 근엄하게 사는 삶도, 금욕에 대한 사명감이라도 가진 사람인양 엄격하게 사는 삶도 아니었다. 그야말로 자연 속에서 모든 것을 벗어버리고 사는 삶이었다. 그래서 나는 소로를 자연주의자로 보기 이전에 '멋대로 혼자 살기'의 달인으로 본다.

"나는 강제되기 위해 태어나지 않았다. 나는 스스로 숨을 쉰다"는 것이 그가 추구한 삶의 핵심이다. 소로가 살아있었을 때의 미국에서나 지금의 한국에서나 대부분의 사람들은 '강제'를 하는 사회에 적응하면서 그 틀 안에서 안정을 추구하며 산다. 그러나 소로는 강제에 적응하거나 타협하기를 거부하고 철저히 자유롭게 살고자 했다. 그렇기에 나는 그가 좋다. 단지 금욕적인 자연주의자라면 첩첩산중 암자의 선승을 찾을 노릇이다. 많은 이들이 소로를 마치 선승인 것처럼 생각한다. 그러나 그 어떤 선승도 우리에게 멋대로 살라고 말하지는 않는다. 그래서 나에게는 소로가 필요하다. 멋대로 살고 싶기 때문이다.

사실 멋대로, 마음대로, 자유롭게 사는 것은 그리 쉬운 일이 아니다. 우리는 어려서부터 너무 많은 규율과 규제에 둘러싸여 살기에 인간이 본래 자유로운 존재임을 점차 잊어가기 때문이다. 따라서 자유로운 삶을 제대로 살기 위해서는 당연히 많은 시행착오를 거치게 된다. 또한 남과 다르게 자기 멋대로 사는 데는 고독이 따른다. 외로운 만큼 고통도 크다. 그렇지만 외롭다고 해서 사람들을 찾으면 그만큼 자신의 자유는 줄어든다. 그래서 다시 자유를 찾아 혼자가 돼야 한다. 어쩌면 그렇게 끝없이 반복하며 사는 것이 삶일지도 모른다.

이런 삶을 선택하기란 쉽지 않다. 그래서 소로와 같은 스승이 필요하다. 물론 꼭 소로일 필요는 없다. 소로 말고도 스승으로 삼을 만한 사람은 많다. 그러나 내가 이 책에서 소개하는 스승은 소로다.

자연인 이전에 자유인

내가 좋아하는 시인 강은교는 소로를 환경보호론자, 동식물연구가, 박물학자, 시인, 금욕주의자이면서 동시에 그 모두를 넘어서는 사람이라고 말한다. 이는 그녀가 옮기고 엮은 《소로우의 노래》의 마지막 부분에서 그녀 자신이 한 말이다. 소로 선집의 성격을 띤 그 책을 읽다 보면 온통 자연을 노래한 것뿐이어서 그 제목으로 '자연의 노래'가 낫지 않을까 하는 생각마저 든다. 우리나라에서는 특히 소로가 자연의 이미지와 직결되기 때문에 강은교로서도 소로를 자연주의자로 표현하는 것이 간단명료했으리라.

《소로우의 노래》를 읽으면 소로가 니어링 부부 방식이나 타샤 튜더 방식의 삶, 소위 '컨트리 라이프'를 살았다고 생각하게 된다. 가령 수만 평의 넓은 뜰에 만개한 아름다운 꽃, 자유로이 뛰노는 개를 비롯한 각종의 가축, 갖가지 과실수와 야채, 나무와 돌로 만든 거대한 집, 멋스런 앤티크 가구, 자가생산한 메이플 시럽과 같은 각종의 무공해식품, 퀼트를 비롯한 전통적 수공예품 등으로 이루어진 풍요로운 전원생활을 떠올리게 된다. 그러나 소로는 그런 삶을 산 사람이 결코 아니다. 《월든》에서 그가 한 이야기를 들어보자.

"나는 개도, 고양이도, 소도, 돼지도, 닭도 기르지 않기 때문에 가정적인 소리를 전혀 들을 수 없다. 마음을 부드럽게 만드는 우유 휘젓는 소리도, 물레 도는 소리도, 솥이 끓는 소리도, 커피 끓이는 소리도, 아기의 울음소리도 없다. 낡은 관념을 가진 사람이라면 미쳐버렸거나 그 전에 권태감을 이기지 못해 죽어버렸으리라. 심지어 담장에는 쥐 한 마리도 없다. 먹을 게 없어 굶어죽었거나 아예 들어올 생각을 하지 않았으리라. (…) 마당에는 시간을 알려주는 어린 수탉도, 꼬끼오 하고 우는 암탉도 없다. 아니 마당 자체가 없다! 울타리 없는 자연이 끝없이 이어져 있을 뿐이다. (…) 큰눈이 내리면 앞마당의 문으로 가는 길이 막히는 게 아니라 아예 문도 정원도 없고 문명세계로 가는 길 자체가 없다."[12]

이렇듯 소로는 가정적인 것, 문명적인 것을 부정한다. 그가 살았던 월든은 호수이지만 당시에는 아무도 살지 않는 숲 속의 호수였지 별장이 서 있을 만한 아름다운 호수가 아니었다. 거기에 그가 짓고 살았던 집도 그 자신이 한 자루의 도끼로 주변의 나무를 베어 만든 작은 오두막이었고, 그 안에는 그야말로 침대와 책상만 놓여 있었다. 그런

---

12 《월든》, pp. 127~128.

소로의 집 주변에는 아이도, 어머니도, 아내도, 부모도, 형제도, 이웃도, 동료도 없었다. 아무도, 아무것도 없었다. 소로는 사람들과 어울리는 것을 싫어했다. 그는 언제나 정의로운 이웃을 그리워했으나, 이웃들은 혼자 외롭고 게으르게 사는 그를 비웃을 뿐이었다.

소로는 돈벌이에 몰두하는 태도를 경멸했고, 특히 농사를 지어 돈을 버는 것을 싫어했다. 그래서 그는 농촌으로 가지 않고 아무도 살지 않는 숲 속으로 간 것이다. 그는 숲을 개간하고 농작물을 길러 부농이 되겠다는 생각은 추호도 하지 않았다. 도리어 그곳이 개척되거나 개간되지 않은 황무지라는 게 좋아서 그곳에 간 것이다.

즉 소로는 문명을 거부하여 그곳에 갔던 것이다. 소로처럼 문명을 거부하기란 사실 우리로서는 생각하기 어렵다. 그것은 가정, 사회, 이웃, 친구, 선후배, 회사, 조직, 기계, 시장, 학교, 병원, 극장, 영화, 연극, 음악, 미술, 학문, 연예, 종교 등 모든 친숙한 것을 다 포기하는 것이기 때문이다. 소로가 스스로에게 허용한 유일한 문명행위는 독서였다. 고상한 가치를 지키면서 간소한 생활을 해나갈 수 있게 해주는 유일한 문명행위는 독서라고 생각했기 때문이다. 그렇다면 21세기를 사는 우리가 가령 음악을 연주하는 것이나 미술작품을 감상하는 것은 소로도 허용하리라 생각한다.

언젠가 나는 어느 부르주아 화가의 화려한 시골별장에 갔다가 집으로 돌아올 때 얻어 탄 폴크스바겐의 딱정벌레 승용차 안에 《월든》이 놓여 있는 것을 보고 무척 놀란 적이 있다. 《월든》의 저자 소로는 '풍요로운 전원생활'이나 '컨트리 라이프'와는 아무런 관계도 없다. 시골 호숫가의 멋진 별장, 푸른 잔디에 둘러싸인 수영장이나 테니스장, 최신형 외제차, 애완용 강아지, 젊고 잘생긴 부부와 사랑스런 아기들, 인자한 노부모가 등장하는 시정(詩情) 넘치는 총천연색 파스텔 톤의 풍경 속에서는 소로를 볼 수 없다.

군이 비유하자면 소로는 영화 〈황야의 무법자〉에 나오는 무법자다. 물론 총을 들었거나 말을 탄 모습은 아니다. 소로는 며칠 동안 황야를 쏘다니다가 어느 한 구석에서 모닥불을 피워 놓고 웅크리고 자는 무법자의 모습을 연상시킨다. 그는 도망친 노예를 인간사냥꾼들을 피해 몰래 이동시킨 뒤 새벽녘에 황야를 통과하는 기차에 태워 북쪽의 캐나다로 보냈다. 뿐만 아니라 그는 많은 사람들의 반대를 물리치고 그 노예를 변호하는 연설을 했고, 노예를 두고 있는 정부가 요구하는 세금은 낼 수 없다면서 당당하게 감옥으로 걸어 들어갔다. 어느 면으로 봐도 소로는 안락한 전원생활에 젖은 시골신사가 아니다.

지금까지 국내에 번역, 출판된 《월든》은 최소 6종 이상인 데 비해 《시민저항》을 비롯한 그의 다른 저서의 번역은 다 합쳐도 몇 권 안 된다. 이는 명백히 상업주의적인 현상이다. 자연주의를 대표하는 《월든》은 스테디셀러로 인기를 누리고 있는 반면에 소로의 저항주의를 보여주는 《시민저항》은 그다지 인기가 없는 것도 같은 현상으로 볼 수 있다. 물론 《월든》에도 소로의 저항주의가 담겨 있지만, 국내에서는 그런 점보다 자연찬양 부분이 훨씬 더 뚜렷하게 부각되고 인식되는 경향이 있다. 이렇게 해서 한국에서는 소로를 '자연인'으로 보는 관념이 자리 잡았다.

그러나 소로는 자연인이기 이전에 자유인이었다. 정치적으로는 철저한 국가주의자이거나 보수주의자인 자가 자연을 좋아해 등산을 즐기거나, 시골에 그럴듯한 별장을 지어놓고 거기서 지내거나, 자신의 건강을 위해 유기농 농사를 짓는 모습을 종종 볼 수 있다. 그리고 그런 식으로 친환경 식품이 소비되고, 생태주의 자체가 상업화되고 있다. 그러나 그런 것은 진정한 자연, 자연인, 자연주의가 아니며, 따라서 소로와도 전혀 관련이 없다. 먼저 자유인이 되지 않고서는 진정한 자연인이 될 수 없다.

강은교의《소로우의 노래》와 같은 책을 읽다보면, 자연 속에 살면서 자연을 노래하는 것만으로 우리의 모든 문제를 다 해결할 수 있을까, 아니 그보다 먼저 우리에게 노래할 자연이 있는가 하는 의문이 든다. 소로가 말한 '문명세계로 가는 길도 없는 자연'이 지금 우리에게 남아있는가? 만일 그런 자연이 우리에게 남아있지 않다면 자연을 없앤 인간의 문명이 문제가 아닌가?

다시 강조할 필요도 없겠지만 자연은 대단히 중요하다. 그러나 인간과 사회도 자연만큼이나, 아니 자연보다 더 중요하다는 점도 다시 강조할 필요도 없는 진리다. 소로는 인간과 사회도 자연과 같기를 바랐다. 내가 아는 소로는 자연을 중시하는 동시에 자연을 파괴하는 국가권력에 저항해 감옥에 가는 것도 마다하지 않은 사람이다. 그는 자연에 대해 단순히 노래하기만 한 것이 아니라 자연이 파괴되는 것에 대해 개탄하고, 분노하고, 파괴를 행하는 세력에 저항하는 심정으로 자연의 순수를 기록한 사람이다. 그러므로 강은교의 책도 그 제목을

'소로우의 노래'보다는 '소로우의 저항'이라고 달았다면 더 적확하지 않았겠느냐는 생각도 든다.

강은교가 말한 '환경보호론자, 동식물연구가, 박물학자, 시인, 금욕주의자로서의 소로'는 한마디로 '자연주의자 소로'라고 할 수 있겠지만, 이런 소로 상은 19세기의 소로 상이다. 그러한 소로의 이미지가 형성되는 데는 1873년에 간행된 채닝(William E. Channing)의 소로 평전 《시인−자연주의자 소로(Thoreau the Poet−Naturalist)》와 우리나라에도 번역, 소개된 솔트(Henry S. Salt)가 1890년에 쓴 소로 평전 《소로의 일생(Life of H. D. Thoreau)》이 크게 기여했다. 솔트는 19세기의 영국인 채식주의자로 당시 영국유학 중이었던 간디에게 영향을 준 사람이다. 강은교가 생각하는 소로의 이미지도 그런 소로 상과 같은 맥락인 듯하다. 물론 소로에 대한 그런 이미지가 틀린 것은 절대 아니다. 그리고 그런 이미지는 당대의 평가였다는 점에서 매우 중요하다. 그러나 우리는 소로가 자연주의자이기만 한 것이 아니라 그 밖에도 다양한 이미지를 갖고 있음을 잊어서는 안 된다.

이런 점에 대해서는 이 책의 5장 '소로가 끼친 영향'에서 상세히 살펴볼 것이다. 여기서는 "지배하지 않는 국가가 최선의 국가"이고 "국가의 권력보다 시민의 인권이 우선해야 한다"는 소로의 주장이 인도의 간디나 미국의 킹을 비롯한 모든 자유운동, 인권운동 지도자들의 구호가 됐고, 심지어는 원자력잠수함에 반대하는 해상시위 보트의 이름에도 사용됐음을 지적해두고 넘어가겠다.

한국의 소로 이해는 19세기적인 수준에 머물러있다. 그런데 무조건 자연으로 들어가기만 하면 모든 문제가 해결될까? 소로처럼 숲 속 호숫가에 오두막을 짓고 살면서 자급자족을 하면 세상에서 찌들며 받은 스트레스를 다 날려버릴 수 있을까? 소로처럼 일주일에 단 하루만 일을 해서 번 돈으로 최소한의 생계를 꾸리면서 나머지 엿새는 산보와 독서로 보내면 삶이 더 풍요로워질까? 요즘 우리 사회에서 유행하는 귀농교육을 받고 귀농의 대열에 동참하면 더 좋은 세상이 빨리 올까?

과연 그렇게 살 수 있는 것일까? 19세기 미국에서라면 몰라도 21세기 한국에서는 불가능한 일이 아닐까? 우리의 좁은 땅에는 호수는커녕 숲도 별로 없고, 남의 산에 들어가 소로처럼 도끼로 멋대로 나무를 잘라내 오두막을 짓다가는 당장 감옥에 끌려갈 것이다. 우리가 소로처럼 살려면 호수와 그 주변의 숲을 살 수 있을 정도로 엄청난 부자여야 하는 것이 아닐까? 게다가 지금 우리의 시골에서 한 달 정도만 날품팔이를 해서 1년을 살 수 있을까? 지금 어느 시골에 그런 일거리가 있을까?

그렇다면 우리나라에는 소로가 애당초 있을 수 없는 것 아닌가? 숲 속 호숫가에 오두막을 짓다니, 게다가 거기서 살면서 자급자족을 한다니, 도대체 그게 꿈이라도 꿀 수 있는 일인가? '소로의 노래'란 처음부터 아예 부를 수도 없는 '침묵의 노래'일 수밖에 없지 않은가? 소로처럼 살아보려고 하다가는 도리어 '소로의 절규'나 내뱉게 되는 고통스러운 나날을 보내게 되지 않을까?

그래도 소로처럼 살 수 있다고 해보자. 그 삶은 강은교가 말한 소로처럼 우리도 '환경보호론자, 동식물연구가, 박물학자, 시인, 금욕주의자이면서 그 모두를 넘어서는 사람'으로 살아야 한다는 것인가? 그중 어느 하나로 살기도 힘들 것인데 다섯 가지로 살았을 뿐만 아니라 그 모두를 넘어섰다니, 소로는 도대체 어떤 사람이었기에 그렇게 대단했는가 하는 생각이 들지 않는가? 소로는 초인이었나? 슈퍼맨이었나? 하버드대학 출신이어서 그런 삶을 사는 게 가능했던가? 그는 도대체 얼마나 유능했단 말인가?

'환경보호론자, 동식물연구가, 박물학자, 시인, 금욕주의자이면서 그 모두를 넘어서는 사람'이었다면 대단히 고고하고 세상사를 초탈한 도사나 위인이었을 것 같고, 우리와는 전혀 다른 세계에 살았던 사람처럼 여겨지지 않는가? 여러분은 그런 사람이 좋은가? 그가 우리와는 전혀 다른 위대한 사람이어서 그에 대한 책을 읽으려고 하는가? 그렇다면 이 책을 그만 덮는 것이 좋다. 나는 소로를 위인으로 생각해서가 아니라 친구로 삼으려고 이 책을 쓰고 있기 때문이다.

모든 인간은 서로 친구라고 생각하더라도 처음부터 전혀 호감이 가지 않는 사람이 있을 수 있듯이 아무리 훌륭한 위인이라도 호감이 가지 않는 사람이 있기 마련이다. 내가 평전을 쓴다는 사실을 아는 이들 가운데 왜 이상하고 시시한 사람만 골라 쓰고, 즉 평전을 쓸 가치도 없다고 생각되는 사람에 대한 평전을 쓰고 박정희나 김일성 같이 중요한 인물에 대한 평전은 쓰지 않느냐고 내게 묻는 사람들이 있다. 그 이유는 간단하다. 그런 인물과 나는 결코 친구로 지낼 수 없고, 나는 그들을 닮기는커녕 이해할 수도 없다고 생각하기 때문이다. 반면에 소로는 충분히 내 친구일 수 있기에 나는 기꺼이 이 책을 쓴다.

이 책은 환경보호론자, 동식물연구가, 박물학자, 시인, 금욕주의자이자 그 모두를 넘어서는 위대한 자연주의자인 동시에 비폭력 무저항주의자(이 말은 오해를 불러일으킬 수 있는데도 묘하지만 소로를 수식하는 표현으로 유행하고 있다)로 알려진 소로에게서 그 신비성을 벗겨내는 작업이기도 하다. 그는 우리가 우러러봐야 할 위인이 아니라 우리와 똑같은 보통사람이자 우리의 친구다.

소로가 속세를 떠나 호숫가에 오두막을 짓고 살면서 자급자족한 이유는 어쩌면 단지 그가 살았던 집 주변이 소란스럽고 주변사람들과의 관계가 벅차서였는지도 모른다. 말하자면 소음공해와 물리적, 정신적 혼잡에서 벗어나기 위한 도피행이었을 수도 있지 않겠는가? 이런 가설은 당시에 소로를 가장 잘 이해했던 에머슨을 비롯한 여러 사람의 입에서 실제로 나온 말이니[13] 신빙성이 전혀 없는 것은 아닐 것이다.

명색이 하버드대학을 나온 그가 변변한 직업 하나 없이 들판이나 쏘다니는 것을 마을사람들은 곱게 보지 않았다. 모두가 돈을 벌기 위해 불철주야 노력하고 있는데 돈벌이에는 아랑곳없이 놈팡이처럼 어슬렁거리는 젊은이에게 사람들은 손가락질을 해댔다. 게다가 그는 독신이었다. 오늘날에도 독신자에 대한 경직된 통념이 여전하지만 당시에는 말도 못할 정도로 심했다. 사람들은 그를 이상한 사람으로 취급

---

13 Walter Harding ed., Henry David Thoreau, A Profile(Hill and Wang, 1971), pp. 73~90.

하며 수군댔다. 그렇게 소로는 평생 마을사람들에게 이해받지 못했고, 도리어 어리석고 병들고 타락한 자로 지탄받았다.[14] 그런 그를 바라보는 가족의 심정은 어떠했을까!

어쨌든 우리도 일상의 소음과 공해, 번잡함을 피해 자연으로 떠나고 싶다는 생각을 자주 하고, 실제로 그런 생각을 실천으로 옮기는 사람도 간혹 볼 수 있다. 이런저런 현실상황에 매여 떠나지 못하는 이들은 《월든》을 읽으며 대리만족을 얻을 수도 있을 것이다. 또한 우리는 인간이 자연만으로 살 수 있는가, 인공의 요소도 필요하지 않은가, 무저항이나 비폭력만으로 살 수 있는가, 저항이나 폭력이 필요한 경우도 있지 않은가 하는 생각을 한다. 소로도 우리와 마찬가지로 그런 고민을 했다고 생각한다. 그렇기에 나는 이 책을 쓴다. 고상한 자연주의, 무저항주의, 비폭력주의를 강조하는 것만으로는 충분하지 않다. 진선미를 강조하는 것만으로 진선미가 실현되는 것은 아니다. 시인은 진선미 그 자체에만 관심이 있을지 모르나 나에게는 진선미를 어떻게 실현할 것인지가 더 중요하다.

나는 1999년에 도시의 아파트에서 마당이 있는 시골집으로 이사한 뒤 스스로 농사도 지어가면서 가능하면 자급자족을 해보려고 노력해왔지만 사실 고민이 많다. 이런 생활은 소로처럼 '자유에 대한 동경'에서 시작한 것이지만 그 '자유'라는 걸 얻기란 정말 쉽지 않다. 자유는커녕 수많은 속박이 나를 둘러싸고 있다. 그게 우리의 현실이다.

....

14 Wendell Glick ed. , The Recognition of Henry David Thoreau(The University of Michigan Press, 1969), pp. 90~106.

시골로 가는 것만으로 자유가 얻어지는 것이 아니다. 대한민국이 속박인데, 그 현실과 역사가 속박인데 시골로 간다고 해서 그 속박에서 벗어날 수 있겠는가. 농촌은 낙후된 곳이어서 현실과 역사의 속박이 도리어 가장 많이 남아 있는 곳이다. 따라서 농촌으로 가봐야 자유는커녕 더 큰 속박이 기다리고 있을 것이다. 그래서인지 소로를 모방한 나의 시골생활 10년은 사실상 실패였다. 그러나 나는 그 실패를 두려워하거나 싫어하지는 않는다.

실패할수록 자유로워지다

사실 소로는 어느 것 하나 성공한 게 없다. 현실의 그는 실패자였다. 평생에 단 한 점의 그림을 싸구려 헐값에 판 게 전부였던 빈센트 반 고흐처럼.

가령 소로는 어려서부터 시인이 되고 싶어 했고 그래서 몇 편의 시를 쓰기도 했지만 아무도 그의 시를 알아주지 않았다. 그의 시를 알아주는 사람이 없는 것은 19세기 당시에도 그랬고 지금도 그렇다. 그의 시 가운데 널리 알려진 것은 거의 없고, 그래서인지 그의 시를 찾거나 기억하는 이가 드물다. 언젠가 나는 그의 시가 나오는 원서를 어렵게 구해 읽어보았는데 대단한 감동은커녕 느낌조차 오지 않았다. 이는 내가 시인과 같은 감수성을 갖고 있지 않은 탓일 수도 있겠지만, 소로를 시인이라고 소개한 강은교 시인이 소로의 시를 특별히 소개하지 않은 것을 보면 그 역시 소로의 시에서 큰 감명을 받지 못한 게 아닌가 싶다.

　시만이 아니다. 소로의 글은 지극히 단순하고 소박해서 19세기의 독자들에게도 무미건조했던 것 같다. 특히 그의 글은 유머가 거의 들어 있지 않아 재미가 없다. 사실 그의 걸작이라고 하는 《월든》도 읽다 보면 모래 씹는 기분이 든다. 그래서 나는 감수성이 예민한 젊은이에게는 《월든》을 별로 권하고 싶지 않다. 그가 쓴 자연과학 리포트 같은 글들도 마찬가지다. 그나마 그가 쓴 에세이는 좀 낫다. 에세이는 대부분 그가 마을회관에서 주민들을 대상으로 한 강연의 원고이므로 이야기하듯 씌어져 이해하기도 쉽다.

　대학에 들어간 소로는 저명한 수필가 에머슨을 만났다. 그는 에머슨의 권유에 따라 열심히 일기를 썼고, 이런저런 글을 써서 발표하기도 했으나 결과는 실패였다. 월든에서 쓴 보트여행기를 어렵게 출간했지만, 판매가 시원찮을 것이라고 예상한 출판사의 요구에 따라 책이 팔리지 않을 경우 손해배상을 하겠다는 조건 하에서였다. 출판 후 실제로 팔린 것이 290권에 불과해 기증분 75권과 함께 나머지 706권을 소로 자신이 구입해야 했다. 그래서 그는 자기의 장서 1천 권 중에 자기가 쓴 책이 7백 권 정도라고 말하며 웃기도 했다.

　소로는 그 책값을 벌기 위해 측량사로 일을 하는 외에도 각종 잡일을 해야 했다. 당시 미국에서는 지금의 한국처럼 개발붐이 일어나 측량사가 인기를 끌었다. 그 후 그는 《월든》을 집필하고 출간했으나 이 역시 거의 팔리지 않았다. 거의 팔리지 않는 책을 썼다는 점에서는 나도 그와 마찬가지다. 아마 이 책의 운명도 그럴지 모른다.

이처럼 거듭된 실패에도 불구하고 소로는 낙담하거나 좌절하지 않았다. 그는 실패를 할수록 오히려 더 큰 자유를 느꼈고, 자신이 성공자가 아닌 실패자라는 데 만족했다. 자신이 대중적으로 유명한 존재가 되면 더욱 값싼 존재, 천박한 인간이 될 것이라고 걱정해서였다. 나는 이 점을 강조하고 싶다. 이 점은 내가 소로를 좋아하는 이유다.

소로는 금욕주의자가 아니었다

강은교는 소로를 가리켜 금욕주의자라고 했다. 그러나 소로는 매우 단순하고 소박하게 살기는 했어도 '금욕'을 한 적은 없다. 그는 결혼을 하지 않았지만 독신주의자나 금욕주의자여서 그랬던 것은 아니다. 그는 분명히 몇 번이나 연애를 했고, 결혼도 하려고 했지만 상대방 부모의 반대로 실패했다. 게다가 스승인 에머슨의 재혼한 젊은 아내와도 모종의 관계가 있었다는 설도 있다. 이러한 불륜설까지는 인정하지 않는다고 해도 적어도 결혼은 하려고 했던 사람을 금욕주의자라고 부를 수는 없다.

소로는 의식주를 소박하게 하자고 주장했는데, 이는 당시의 천박한 자본주의적 유행에 대한 반발에서 나온 주장이었다. 그는 특히 의상의 유행을 싫어했다. 그는 육식보다 채식을 좋아했지만, 이는 불교식의 금욕주의 때문이 아니라 인간이 입고 먹는 것의 노예가 되면 자유를 상실한다고 생각했기 때문이다. 아마도 그가 지금 한국의 의식주 문화를 본다면 기절초풍할 것이 틀림없다.

그 자신이 금욕주의자인 에머슨도 소로를 금욕주의자로 보았다. 그러나 《보물섬》과 《지킬 박사와 하이드 씨》로 유명한 스티븐슨 (Robert Louis Stevenson)은 인간의 이중성을 꿰뚫어보는 혜안을 지녔기 때문이었던지 "소로는 금욕주의자가 아니라 도리어 고상한 종류의 쾌락주의자였다. 그는 즐겁다면 뭐든지 다 좋다고 생각했다"고 평했다.[15] 드레이크(William Drake)도 "생활의 쾌락이 《월든》의 중요한 주제"라고 지적했다.[16] 스티븐슨은 "소로의 즐거운 금욕주의가 매력적"이라고 말하기도 했다는데[17] 나는 이 표현이 마음에 든다. '즐거운 금욕주의'나 '고상한 쾌락주의'가 소로에게 꼭 맞는 말이다.

소로가 금욕주의자가 아니었다는 점은 중요하다. 우리는 소로를 선승인 것처럼 생각하는 경향이 있으나 전혀 그렇지 않기 때문이다. 소로가 돈과 물질에 미친 19세기 초 미국의 천박한 자본주의에 반기를 들었던 것은 사실이지만 그런 그의 태도는 자본주의를 부정하고 공산주의를 주장하는 것과는 무관했다. 그는 도리어 연필을 만드는 가업을 이어받아 운영한 사업가이기도 했다.

또한 소로는 동식물을 매우 좋아했지만 직접 동식물연구자나 박물학자로 활동하지는 않았다. 물론 그가 자연을 감상하는 정도에 그치지 않고 철저히 관찰했던 것은 사실이다. 그는 집밖에 나갈 때마다 자가 새겨진 지팡이, 휴대용 망원경과 확대경, 커다란 노트와 연필을 갖

15 Walter Harding ed., Thoreau: A Century of Criticism(Southern Methodist University Press, 1954), p. 60.

16 Sherman Paul ed. Thoreau(Prentice Hall, 1962), p. 73.

17 Walter Harding ed., 위의 책, p. 84.

고 가서 갖가지 동식물과 광물을 그야말로 '연구'하다시피 했다. 그러나 그는 자연을 과학적으로 보았다기보다는 어디까지나 상상력으로 보았다.

소로는 자연을 좋아했지만 오늘날의 환경주의자들처럼 환경보호를 주장한 적은 없다. 도리어 그는 자연보호에 반하는 행동을 하기도 했다. 예를 들면 1844년에 소로는 낚시를 한 뒤에 고기를 굽다가 그 불이 숲에 옮겨 붙자 불을 끄는 일을 도와줄 사람들을 구하러 마을로 달려갔다가 현장에 돌아오지 않고 가까운 언덕에 올라가 숲이 불타는 모습을 구경했다.

설령 강은교처럼 소로를 이해한다고 해도 그를 '금욕주의자'로 부르기보다는 '자연주의자'로 부르는 게 무난할 것 같다. 소로를 자연주의자로 보는 것은 오늘날 그에 대한 보편적인 관점이기도 하다. 그러나 나는 '자연주의자'에서 '주의자'를 뗀 '자연인'으로 그를 부르고자 한다.

소로가 '자연인'의 이미지를 갖게 된 것은 그가 스물여덟 살이었던 1845년 봄에 월든 숲 속의 호숫가에 네 평 정도의 작은 통나무집을 짓고 거기서 2년여를 지낸 경험을 기록한 글인 《월든》이 널리 알려진 탓이다. 당신은 '자연인'인가? 혹시 당신이 소로처럼 호숫가에 네 평 정도의 작은 통나무집을 짓고, 또는 심산유곡에 작은 초막을 짓고 거기서 이삼 년째 자연을 벗 삼아 살고 있다면 그렇게 자칭해도 무방하리라.

그러나 꼭 호숫가나 산속에 살고 있어야 할 필요는 없다. 우리나라에서 호수란 참으로 보기 힘든 것이고, 산속에서 사는 것도 쉬운 일이 아니기 때문이다. 도시의 고층 아파트가 아닌 교외의 주택에서 조그만 텃밭이라도 가꾸며 살고 있는 사람이라면 충분히 '자연인'으로 불릴 만하다. 아니 아파트에서 살고 있는 사람이라도 주말마다 등산을 하거나 농장을 가꾸고 있다면 그 역시 충분히 '자연인'이다. 사실 자연인이냐 아니냐는 생각하기 나름이다. 지금은 전혀 자연과 친하지 못하지만 친해지려고 노력하는 사람이라면 그를 예비 자연인이라고 불러도 좋을 것이다. 지금의 시대에 어찌 평생 자연 속에서만 살 수 있겠는가? 어떻게든 먹고 살아야 하고, 그러기 위해서는 돈을 벌어야 하지 않는가?

하버드대학 출신의 비정규 노동자

소로는 자기가 교사, 가정교사, 측량사, 정원사, 농부, 페인트공, 목수, 석공, 일용노동자, 연필제조업자, 종이제조업자, 작가, 때로는 삼류시인이라는 직업을 가졌다고 말했다. 이어 그는 이렇게 말했다. "실제로 내가 가장 일상적으로 종사하는 직업은, 그것을 직업이라고 불러도 좋다면, 자신을 가장 훌륭한 상태로 유지하고 하늘과 땅에서 일어나는 일에 대해 언제나 준비를 갖추고 있는 것이다."

이는 그가 서른 살이었던 1847년에 대학동창회 앙케이트에 응한 답변이었다. 그는 그 답변에 다음과 같은 추신을 붙였다. "동창생들이 나를 자선의 대상으로 생각하는 일은 없기 바람. 누군가가 돈 문제로 고통을 받고 있어 도움을 필요로 할 경우에는 알려주기 바람. 돈보다 가치 있는 충고를 해줄 것임."[18]

소로는 그 후 17년을 더 살았으나 그 밖의 다른 직업을 가진 적이 없다. 자, 이제는 소로가 위인이 아니라 우리와 같은 보통사람이라는 생각이 드는가?

그런데 소로는 하버드대학 출신이었다. 하버드대학이 어디인가? 세계에서 가장 좋다는 대학 아닌가! 물론 지금도 하버드대학 출신 중에 소로와 비슷하게 사는 사람들이 있다. 그러나 하버드대학보다 못하다는 한국의 서울대학이나 그 대학과 유사한 수준의 대학을 나온 사람들도 소로보다는 더 나은 직업을 선택하는 게 보편적인 현상이다.

소로가 대학을 졸업한 해인 1837년은 미국에서 처음으로 경제공황이 발생한 해이기도 했다. 당연히 경제사정이 좋지 않았다. 모든 사람이 일자리 찾기에 혈안이 돼있었다. 소로는 교사가 되기를 원했다. 교사는 그가 유일하게 원했던 직업이다. 실제로 그는 몇 년간 교사로 일했다. 그러나 교사직을 그만둔 뒤로는 죽을 때까지 안정된 직장을 갖지 않았고, 마을사람들이 필요로 하는 각종 잡일을 닥치는 대로 다 하는 비정규직 잡부로 일했다.

그러나 그는 달리 어쩔 수 없어 비정규직 잡부가 된 것은 아니었다. 예를 들어 그는 잠시 연필제조업에 종사하기도 했다. 미국에서 최초로 연필제조업을 시작한 아버지의 사업을 이어받아 운영했던 것이

....
18 George Willis Cooke, An Historical and Biographical Introduction to Accompany the Dial(Russel & Russel, Inc., 1961), vol. 1, pp. 137~138.

다. 소로는 연필제조 분야에서 특별한 발명까지 했고, 장래가 촉망되는 청년 벤처사업가로 주목을 받기도 했다. 그러나 어디에든 고정되는 것을 싫어하는 성격 탓에 그는 발명을 한 뒤 곧바로 사업에서 손을 뗐고, 이 때문에 가족과 마을사람들로부터 왜 가업을 발전시키는 일을 하지 않느냐는 핀잔을 들었다.

그는 돈에 구속되어 마음의 자유를 잃는 생활을 철저히 거부했다. 또한 무슨 일이든 전문적으로 하기를 싫어했다. 가령 그는 스스로 농부라고 했지만 농사일을 싫어했다. 그가 좋아한 것은 소의 목에 달린 작은 방울이 딸랑거리는 소리였을 뿐이다. '한 우물을 파라'는 자본주의 직업윤리를 소로는 너무도 싫어했다.

사실 그는 삼십대에 들어선 뒤로는 일주일을 나누어 하루나 이틀은 측량 등 일용노동이나 가업인 연필제조업 일을 하며 보내고 나머지 사나흘은 오전에는 서재에서, 오후에는 산책을 하며 보냈다. 그가 하루의 생활에서 가장 중시한 것은 독서나 집필이 아니라 하루 4시간 정도 하는 산책이었다. 산책은 보통 운동이나 기분전환을 목적으로 하는 것이지만 소로에게는 그 자체가 중요한 일과였다. 그의 글 대부분은 산책 중에 한 관찰이나 사색에 토대를 둔 것이었다. 그는 언제나 플루트와 노트를 손에 들고 산책에 나섰다. 소리에 대단히 민감한 그는 모래를 밟을 때 나는 소리가 싫어 언제나 풀 위로 걸었다.

그런 소로를 고향사람들은 멸시했다. 소로는 그들을 더더욱 철저히 멸시했다. 소로는 세속적 의미의 성공은 하지 못했으나 지극히 단순한 생활방식과 적당한 가난, 그리고 자급자족을 통해 자신의 이상인 소박한 삶을 꾸려가는 데는 성공했다. 그런 그에게 문명이란 지옥이었다.

소로는 은둔자가 아니었다

우리는 소로를 청빈한 '은둔자'로 보고《월든》을 은둔문학으로 보는 경향이 있다. 이렇게 된 것은 19세기 말에 소로를 받아들인 일본의 문학이 취한 관점에서 영향 받은 탓이 크다. 그러나 소로는 대단히 합리주의적인 사람이었고, 그가 월든에서 산 것도 은둔이기는커녕 다른 삶의 한 가지 방식을 보여주기 위한 합리주의적인 시도였다. 즉 콩코드 사람들과 정신적인 거리를 두면서 그들에게 자연과 문명에 대한 새로운 시각을 얻게 하기 위한 시도였다.

여기서 다시 분명히 강조한다. 소로는 자연만이 아니라 자연과 인간(문명, 사회)을 언제나 함께 생각한 사람이었다. 이것이 소로의 본질이다. 셰익스피어의 작품을 비롯한 서구의 문학은 본질적으로 길들여지고 문명화된 문학이며 그리스로마 문학을 모방한 것에 불과하다는 게 그의 생각이었다. 그는 자연과 문명이 교차하는 경계의 문학을 새로운 미국문학으로 구상했다. 이 점은 그가 쓴《산책》에서 엿볼 수 있다.

《월든》에서도 자연과 문명은 언제나 교차되고 있다. 가령 3장 '독서'는 문명의 세계를 다루고 있으나 4장 '소리'는 자연의 세계를 다루고 있다. 5장 '혼자 살기' 뒤에 6장 '방문자들'이 나온다. 7장 '콩밭'과 9장 '호수' 사이에는 8장 '마을'이 있다. 11장 '고상한 법칙'에는 고상한 생활에 관한 글이 담겨 있는데 그 다음 12장 '동물이웃'에는 자연에 관한 글이 실려 있다.

이는 모순이나 역설이 아니라 소로가 자연과 문명의 공존을 주장한 것으로 보아야 한다. 즉 소로에게는 인간사회와 문명도 자연 이상으로 중요했다. 그에게는 야성만큼 지성도 중요했고, 정신만큼 신체도 중요했다.

'은둔자' 소로가 작은 통나무집을 짓고 2년 2개월 2일을 살았던 월든 호숫가는 미국 동부에 위치한 소로의 고향마을 콩코드에서 2킬로미터 정도 떨어진 곳에 있다. 콩코드에서 걸어서 20~30분 정도, 차로는 2~3분도 안 걸리는 곳이다. 《월든》의 8장 '마을'을 보면 소로는 매일 이틀에 한 번 정도 마을에 가서 사람들의 이야기를 듣기도 하고 부모님 집을 찾기도 했음을 알 수 있다.

또한 소로의 오두막을 찾아오는 방문객도 많았으니 문자 그대로의 은둔생활을 한 것은 아니었다. 에머슨 같은 당대의 저명한 지식인은 물론 어린아이, 사냥꾼, 어부, 낚시꾼, 철도노동자, 상인, 도망친 노예, 정신박약자, 거지, 주부도 그를 찾아왔다. 한꺼번에 스무 명 정도가 들이닥친 적도 있다. 소로가 콩코드의 교도소에 갇힌 지 며칠 뒤에 노예제를 반대하는 콩코드 부인협회가 소로의 오두막 앞에서 집회를 열기도 했다.[19]

....

19 Raymond R. Borst, The Thoreau Log: A Documentary Life of Henry David Thoreau 1817~1862(G. K. Hall, 1992), p. 119.

콩코드는 당시에 미국에서 뉴욕 다음으로 큰 도시였던 보스턴에서 기차로 한 시간이면 닿는 곳에 있었고, 미국독립전쟁의 유명한 전장이었으며, 특히 문화인이 많이 모여 사는 꽤나 유명한 도시였다. 이곳에서 에머슨과 소로를 포함해 19세기 초에 미국의 사상계를 휩쓴 초월주의자들이 다수 배출되어 콩코드그룹을 형성했다.

호숫가에서 사는 동안에 소로는 마을로 가서 강연을 하곤 했다. 그 가운데 노예제도와 멕시코전쟁에 반대해 인두세 납부를 거부한다는 내용의 강연이 문제가 되어 그는 감옥에 갇혔다. 바로 이 강연을 담은 책이 간디가 애독했다는 《시민저항》이다.

그러나 강은교가 쓴 《소로우의 노래》에는 이 강연이 들어있지 않다. 그 이유는 무엇일까? 지난 세월 우리에게 시민저항은 자연보호 이상으로 중요한 것이 아니었던가? 이백 년 전 미국의 소로에게도 마찬가지가 아니었던가? 사실 자연보호라는 것 자체도 어찌 보면 시민저항이 아니었던가? 이런 관점에서 소로의 직업이 무엇이었는지를 다시 말한다면 무엇보다 시민저항가, 시민운동가였다. 게다가 그는 5년간 탈세를 한 범죄자였다. 물론 세금을 떼어먹어 부자가 되겠다는 생각에서 한 탈세가 아니라 더러운 목적에 사용되는 세금은 낼 수 없다는 이유에서 한 탈세였다. 그것은 바로 우리가 말하는 '비폭력', '무저항', '시민불복종'이었다. 가령 지금 대한민국에서 내가 내는 세금이 이라크에 파병하는 데 사용되거나 내가 싫어하는 열린우리당이나 한나라당을 지원하는 데 사용되는 것이 싫어서 세금을 내지 않는 것과 같다. 지금 우리 주변에 그런 사람이 있는가? 나는 그렇게 하고 싶지만 감옥에 가기가 싫어서 못한다.

1817년 7월에 태어나 1862년 5월에 죽기까지 45년 가까운 세월 가운데 소로가 '자연' 속에서 산 것은 2년 정도에 불과했고, 그 삶도 은둔과는 전혀 무관했다. 그런데도 그를 자연주의자라고 부를 수 있는지, 아니 자연인이라고 부를 수 있는지도 의문이다. 평생을 인적이 거의 없는 첩첩산중에서 엄격한 초인적인 태도로 도를 닦으며 사는 우리의 스님들(이제는 그런 분들도 그리 많지 않지만)에 비하면 소로는 사실 자연 속에서 살았다고 할 수 없다. 소로가 살던 시절의 미국에는 월든보다 훨씬 더 깊은 자연 속에서 2년이 아니라 20년 이상 은둔자처럼 산 사람이 매우 많았다.

특히 당시에는 요사이 한국에서처럼 공동체운동이 유행했다. 소로도 당연히 그런 운동에 관심이 많았고, 참여를 권유받기도 했다. 그러나 그는 "천국의 기숙사에서 공동체생활을 하느니 차라리 지옥에서 독신생활을 계속하겠다"며 거절했다. '지옥에서 독신생활'이란 말 가운데 '독신생활'은 그가 평생 지킨 것이 분명한데 '지옥'이란 무슨 뜻일까? 그것은 바로 당시의 더러운 현실일 것이다. 우리도 그런 현실 속에서 모두 고독하게 살고 있다.

이단아 소로

소로는 월든에 들어가기 전에 차라리 '지옥의 독신생활'을 선택한다고 선언했다. 이에 대응되는 말로 사용된 '천국의 기숙사생활'은 당시에 지식인들 사이에 유행한 공동체 생활을 뜻하는 것이다. 소로가 그런 공동체생활을 부정해서 월든에 들어갔던 것일까? 그런 것은 아니었다.

소로는 자신이 사는 미국이라는 나라와 19세기의 자본주의 사회와 문화를 지옥이라고 생각했고, 그 지옥을 벗어나기 위해 저항의 자유와 함께 자연으로 돌아갈 것을 주장했다. 당시 미국에서는 산업혁명이 진행 중이었다. 특히 캘리포니아에서는 황금러시가 일어나고 있었고, 대륙의 동서를 연결하는 횡단철도가 놓이고 있었다. 미국이라는 국가는 확대와 팽창 일변도로 나아가고 있었다.

그런 시대적 분위기 속에서 소로는 당연히 이단이였다. 심지어 그는 철도가 도보보다 빠르지 않다는 사실을 증명했다. 콩코드에서 보스턴까지는 약 25킬로미터로 열차로 약 1시간 걸리는 거리였다. 그리고 그 구간의 열차운임은 50센트로 당시 노동자의 하루 임금과 같았다. 그러나 소로는 하루 노동시간의 절반 정도로 보스턴까지 걸어갈 수 있었다. 소로는 우편과 신문에 대해서도 부정적인 생각을 갖고 있었다. 우표를 붙일 만한 가치가 있는 편지가 거의 없고, 신문에는 읽을 만한 가치가 있는 기사가 거의 없다는 것이었다. 그는 문명 자체를 파괴해야 한다고 주장하지는 않았으나 문명에 얽혀 들어서는 안 된다고 말했다.

지금처럼 초고속열차가 달리는 세상에서는 도보가 철도보다 빠르다는 소로의 주장은 터무니없는 헛소리일지 모른다. 하지만 적어도 비용을 고려하면 자가용 승용차가 자전거나 공공 교통수단에 비해 결코 효율적이지 않은 것은 분명한 사실이다. 우편과 신문에 대해 소로가 한 말은 지금 우리 시대에도 그대로 들어맞는다. 전화, 라디오, 텔레비전, 핸드폰, 컴퓨터, 인터넷 등이 과연 우리에게 꼭 필요한지도 한번쯤은 생각해볼 필요가 있다.

소로는 급격히 변하는 시대에 적응하기를 거부했다. 그렇게 명백하게 의식적인 부적응이야말로 시대에 대한 비판력의 근원이었다. 그것도 너무나도 단순하고 명쾌하며 생생한 반항으로 이어졌다. 그는 《시민저항》의 앞부분에서 이렇게 선언했다. "최소한으로 지배하는 국가가 최선이다." 즉 전혀 지배하지 않는 국가가 최선의 국가이고 국가란 기껏해야 편법에 불과하다는 것이다.

그 이유를 소로는 "우리는 먼저 인간이어야 하고 그 다음에 피지배자여야 하기 때문"이라고 설명한다. "법률을 존중하는 마음을 키우는 것보다 인권을 존중하는 마음을 키우는 것이 바람직하다. 내가 나의 권리로 나 자신에게 스스로 부과하는 유일한 책임은 언제 어떤 경우라도 자신이 옳다고 생각하는 것을 행하는 것이다. 집단 자체에는 양심이 없다는 말은 정말 옳다." 여기서 집단이란 국가를 포함한 모든 지배집단을 가리킨다. 특히 국가는 법을 내세운다. 그러나 소로는 이렇게 말한다. "법이 인간을 조금이라도 더 옳게 만드는 일은 결코 있을 수 없다. 도리어 법을 존중하기 때문에 선량한 사람조차도 날로 불의의 하수인이 되어가고 있다." 그런 법을 어기라고 소로는 말한다. "나는 수치감 없이는 이 국가와 관련될 수 없다. 나는 '노예'의 국가이기도 한 그 정치조직을 '나의' 국가로 잠시라도 인정할 수 없다."

이 말은 적어도 법치주의를 기본으로 하는 나라에서는 무서운 말이다. 물론 법치주의가 항상 옳은 것은 아니었다. 가령 나치의 법치주의는 분명 옳지 않았다. 민주주의의 법치주의도 언제나 옳지 않다고 말할 수는 없지만 언제나 옳았다고 말할 수도 없다.

소로는 다수결이라는 이유로 정치인이나 법률가가 옳다고 말하는 것이 사실은 옳은 게 아님을 너무도 분명하게 알고 있었다. 그래서 그는 인권에 어긋나는 법률이나 정부에는 복종하지 않았고, 급기야 1846년에 노예제도와 멕시코전쟁에 반대해 인두세 납부를 거부하다가 감옥에 갇혔다. 그는 또 1859년에는 노예해방운동가 존 브라운이 정부의 무기고를 습격했다가 체포되자 그를 옹호하는 연설을 했다. 당시 노예해방주의자들도 존 브라운에 대해서는 소극적인 태도를 취했는데 오직 소로만이 즉각 존 브라운을 지지하는 입장을 밝혔다. 그가 이 연설을 하려고 주민들에게 통지한 것을 알게 된 친구들이 극구 말렸지만 그는 예정대로 연설을 감행했다.

경계의 인간

누차 강조했듯이 소로는 자연이나 전원의 인간이 아니라 자연과 문명의 경계, 전원과 도시의 경계에 선 인간이었다. 우리 역시 그런 경계에 선 인간이다. 그래서 소로는 우리에게 더 큰 호소력을 가진다.

소로는 월든에 들어가기 2년 전인 1843년 5월부터 12월까지 반년간 뉴욕에서 지냈다. 뉴욕은 지금도 그렇지만 당시에도 미국에서 가장 발달한 도시였다. 뉴욕에서의 경험은 소로의 삶에서 그다지 중요하지 않은 것으로 여겨지기도 하지만, 그 경험을 계기로 그의 문명비판이 본격화됐고, 야성과 문명의 조화라는 그 나름의 문학관과 사상관이 생겨났으며, 그 결과로 2년 뒤에 그가 월든에 들어가게 됐다는 점에서 중요하게 보아야 한다.

당시의 일기를 보면 소로는 도시를 비현실적인 공간으로 보았고, 도시의 공허함은 인간존재의 공허함이기도 하다고 생각했음을 알 수 있다. 그리고 그 도시에 대응되는 들판의 오막살이를 그리워했음도 알 수 있다. 즉 월든의 오두막은 뉴욕의 도시생활에서 비롯된 것이었다. 뉴욕에서 그는 도서관을 드나들며 문학에 심취했다. 당시에 그가 쓴 일기는 자연과 문명에 대한 사색으로 가득하다.

월든에서 혼자 살기를 시작한 직후에 그가 쓴 일기에는 '경계'라는 말이 자주 나온다. 그 의미는 우선 일상생활의 경계였고, 그 경계를 벗어나는 것이 월든 생활의 핵심이었다. 소로의 월든 생활은 물질적인 가치관에서 벗어나 정신생활을 추구하는 것이었고, 이와 동시에 인식의 과정에서 '기대하지 않은 확장감(unexpected expansion)'을 체험하는 시적이고 초월주의적인 것이기도 했다. 더욱 중요하게는 고정되거나 경직되지 않고 유연한 상상력으로 눈에 보이지 않는 현실의 경계를 뛰어넘어 새롭고 보편적이며 자유로운 법칙을 마음속에 확립하는 것이었다.

소로에게는 현실의 경계 건너편에 무엇이 있는지는 중요하지 않았다. 도리어 현실의 경계를 확대하거나 상대화해서 새로운 세계와의 관계를 구축하는 것이 중요했다. 이는 '모험을 추구하는 것'이자 '자신을 탐구하는 것'을 뜻했다. 이러한 모험추구와 자아탐구야말로 이 책에서 소로의 삶을 통해 내가 말하고자 하는 '멋대로 사는 새로운 삶'의 핵심이다.

다시 강조한다. 특히 젊은이들에게 강조한다. 모험추구와 자아탐구야말로 소로가 우리에게 전해주는 메시지의 핵심이다. 굳이 시골에서 살 필요도, 산속에서 살 필요도 없다. 그렇게 하는 것은 하나의 선택일 뿐이다.

더 이상 소로를 왜곡하지 말라

이 책은 다섯 부분으로 나뉜다. 지금까지의 1장은 내 친구 소로 소개, 2장은 소로의 성장, 3장은 《월든》을 중심으로 살펴본 소로의 자연생활, 4장은 《시민저항》과 소로의 저항, 5장은 소로가 후세에 끼친 영향에 대한 것이다.

한국에서는 그동안 여러 차례 번역된 《월든》을 중심으로 소로가 소개됐으나 서양에서는 《시민저항》이 더 유명하다. 《시민저항》이라는 책 제목은 Civil Disobedience의 번역이다. 이는 종래 한국에서 '시민의 반항'이나 '시민의 불복종'으로 번역돼 왔으나 나는 '반항' 정도로 적극적이지는 않지만 '불복종'보다는 더 적극적인 의미를 지닌 '저항'으로 번역한다.

우리가 알고 있는 소로의 두 가지 모습, 즉 월든 호숫가에서 자급자족하며 반문명적으로 산 모습과 '시민저항'을 외치며 감옥생활까지 마다하지 않은 모습은 소로라는 한 인간의 '두 가지 측면'이 아니라 그의 '한 가지 측면이 두 가지로 나타난 것'이다. 다시 말해 흔히 자연주의자의 측면으로만 인식되는 월든 호숫가의 소로도 자연주의자이기 이전에 물질주의적 자본주의 문명을 거부하고 시민저항을 실천한 소로와 분리될 수 없다.

소로를 자연주의자로 보는 다분히 문학적인 견해에 대해 나는 상당한 거부감을 느껴왔다. 특히 자가용을 몇 대나 소유하고 도시의 모든 편리를 시골로 그대로 가져와 자급자족은커녕 철저히 문명화된 생활을 하면서 소로 운운, 월든 운운 하는 시인, 화가, 공예가, 그리고 그들의 친구인 부자들에 대해 그렇다. 그들은 최소한의 비판은커녕 물질주의적 자본주의 문명에 철저히 예속되어 산다. 그들에게 소로는 호숫가에 별장을 세운 선비로만 의미가 있다.

나는 소로를 자본주의에 대항한 반항아로, 그렇기에 자유인이자 자연인으로 본다. 그는 여전히 자본주의 체제 아래 사는 우리에게 체제에 반항하는 삶의 한 예를 보여주었기에 의미가 있다. 따라서 그가 자본주의 체제에 순응하면서 낭만적으로 산 것처럼 왜곡하는 일은 절대로 없어야 한다. 그래서 나는 이 책을 쓴다.

더 이상 소로를 왜곡하지 말라. 소로는 일찌감치 산속에 들어가 평생을 산 니어링과 달리 숲 속 생활을 2년 정도로 끝냈고, 그 2년도 은둔자로 산 게 아니라 도시를 들락거리며 지냈다. 소로의 뒤를 이은 사람은 니어링이 아니라 간디와 마틴 루서 킹이다. 덧붙이자면 그 간디

는 인도의 위대한 독립운동가 간디가 아니고, 그 킹은 미국의 위대한
목사 킹이 아니다. 물질주의적 자본주의 문명을 거부한 간디와 킹이
다. 그리고 그런 소로는 21세기에도 세계 방방곡곡에 있다. 그 21세기
의 소로들이 소로의 조국이었던 미국이 밀어붙이는 신자유주의 세계
화에 저항하고 있다. 이런 점에서 소로는 이미 미국인이 아니다. 제국
인 미국의 국민이 아니다.

2장 시대와 청년 소로

문화와 자연의 대립

미국의 역사는 1620년 메이플라워호를 탄 '필그림 파더스(Pilgrim Fathers)'가 북아메리카 뉴잉글랜드의 플리머스에 상륙한 것에서 시작됐다고 하지만, 사실 아메리카대륙에는 그 전에 이미 원주민이 살고 있었다. 또한 필그림 파더스도 북아메리카 땅에서 완전히 새롭게 시작했다기보다는 그들 자신이 살던 유럽의 역사와 문화를 가지고 그곳에 갔다. 메이플라워호에 탄 102명의 운명이 순탄치만은 않았다. 아메리카대륙에서 맞은 첫 겨울에 50명이 죽었다.[20] 살아남은 사람들은 유럽에서 갖고 온 기독교 신앙에 매달렸다. 그들의 기독교 '문화'는 새로운 '자연'과 대립했다. 그들은 특히 태고 이래의 자연인 원시림과 대립했다. 그 숲은 악마의 땅이었고, 그 숲을 정복하는 것은 그들이 신으

....

20 Perry Miller and Thomas H. Johnson eds., The Puritans, vol. 1, revised edition(Torchbooks Harper, 1963), p. 103.

로부터 받은 절대적인 사명이었다.

필그림 파더스는 자신들이 사는 신의 영역에 다른 종교를 가진 인간이 들어오는 것은 물론이고 자신들 내부에서도 신과 종교를 비판하는 것을 철저히 배격했다. 누구든 신을 욕되게 하면 엄격한 처벌을 받거나 황야로 추방됐다. 그들의 질서는 모든 불순함을 배제하는 방식으로 순수하게 유지됐다. 그 어떤 이질적인 것도 섞이지 않은 완전히 동질적인 질서가 유지돼야 했다. 예를 들어 어떤 여성이 교회에서 웃었다는 이유만으로 사회에서 추방될 정도로 인간의 '자연스러운' 감정도 철저히 배격됐다.[21] 그래서 당대의 저명한 목사 셰퍼드(Thomas Shepard)는 《성실한 회심자》라는 저서에서 신의 구제를 받기 위해서는 "자신을 증오해야 한다"고 했다. 이처럼 초기 미국의 퓨리턴 사회에서는 인간 개개인은 독립된 존재가 아니라 전체 질서의 구성요소였다.

그러나 현실의 인간생활이 그러한 허구에 의해 오래 유지될 수는 없었다. 자연이 개척되고 부가 축적되면서 자연에 대한 인간의 공포가 사라짐과 동시에 엄격하던 질서의식도 약해졌고, 신이 아닌 인간 개개인이 새로운 질서의 중심이라는 개인주의적인 사상이 대두했다. 그래서 종래의 독재적이고 권위적인 신정정치는 서서히 해체되어 갔다. 또한 농업뿐 아니라 제재업, 조선업, 철공업, 제분업, 그리고 특히 해운업과 무역업이 발전하면서 상인계급이 성직자들을 대신해 새로운 지배계급으로 떠올랐다. 그들은 자신의 재능과 노력으로 부를 축적했으므

....

21 Moses C. Tyler, A History of American Literature 1607~1765(Collier Books, 1962), p. 114.

로 그동안 인간의 타락과 무능을 설교해온 퓨리턴 칼뱅주의를 더 이상 믿을 수 없었다.

이때 새로운 사상으로 등장한 것이 유니테리언주의(Unitarianism) 였다. 이는 원죄설이나 삼위일체설과 같은 교의상의 신비성을 제거해 기독교를 감각적인 철학으로 설명하려는 시도였다. 유니테리언주의 자들은 그리스도를 신의 아들은커녕 천재도 아니고 자신들과 똑같은 인간이며 기껏해야 예언자 정도라고 보았다. 즉 그리스도는 구세주가 아니라 지도자이며, 그리스도와 똑같은 인간인 자신들도 그리스도처럼 노력을 한다면 구제될 수 있다고 그들은 믿었다. 그러나 이 사상은 지나치게 감각에 치우쳤다는 비판을 받았다. 이런 유니테리언주의가 정식으로 시작된 것은 1819년[22]이었고, 소로는 그 2년 전인 1817년에 태어났다.

소로의 고향 콩코드

소로는 1817년 7월 12일 보스턴 인근에 있는 콩코드에서 태어나 44년 10개월을 살고 1862년 5월 6일 이곳에서 죽었다. 콩코드라는 지명은 '조화', '평화', '우호'라는 뜻이다. 이곳에 살던 인디언 원주민들이 이곳에 붙인 원래의 지명은 '무스케타쿼드'였고, 이는 '초원의 강'이 라는 뜻이었다. 그만큼 초원과 강이 중심인 곳이었다.

....

22 이 해에 신학자인 윌리엄 채닝(William Ellery Channing, 1780~1842)이 볼티모어에서 한 설교 에서 시작됐다.

미국에서 소로는 '콩코드의 남자' 또는 '콩코드의 반항아'[23]라고 불릴 정도로 그의 고향과 밀접하게 연상된다. 고향노래가 많은 우리나라라 한들 그렇게 부를 만한 사람이 얼마나 있을까? 가령 김대중을 '목포의 남자'라고 부를 수 있을까? 그렇게 부르면 지역감정을 조장하는 것일까? 설령 그렇게 부른다고 해도 소로를 '콩코드의 남자'라고 부르는 것과는 의미가 다르다. 소로가 '콩코드의 남자'라고 불리는 이유는 그가 그곳에서 태어나 그곳에서 살았고, 그곳을 너무나 사랑해 거의 그곳을 떠난 적이 없으며, 여행을 갔다가도 금세 그곳에 돌아갈 정도로 그곳에 심취했기 때문이다. 더 정확하게 말하면 그는 그곳의 자연에 심취했다. 아니 그곳의 자연과 일치했다. 그는 하루에 적어도 다섯 시간 이상 콩코드의 자연 속에 있지 못한 날에는 하루를 낭비했다고 생각했다. 따라서 그를 '콩코드의 남자'라고 부르는 것은 사실은 '자연의 남자'라고 부르는 것과 같다.

소로는 자연 속에서 신의 법칙을 확인하고, 그 법칙에 순응하며 자기를 개혁하고, 스스로 전체적인 통일성을 갖춘 인간이 되고자 했고, 정치를 비롯해 모든 비자연적인 것을 혐오했다. 따라서 '콩코드'라는 지명 자체가 그에게 중요한 것은 아니었다. 그곳은 오로지 그가 우연히 태어난 고향에 불과했다. 그는 자신의 고향을 세상에서 가장 아름다운 곳이라는 둥하며 자랑한 적이 없다.

....

23 소로에 대한 연구에서 최고의 권위자라는 하딩이 편집한 책의 제목이 '소로, 콩코드의 남자'다. Walter Harding, Thoreau, Man of Concord(Holt, Reinhart and Winston, 1960). '콩코드의 반항아'라는 표현은 딜레스가 쓴 책의 제목이다. August Derleth, Concord Rebel: A Life of Henry David Thoreau(Chilton, 1962).

나는 그런 소로가 부럽다. 내가 태어난 고향에는 그렇게 심취하고 일체가 될 수 있는 자연이 없기 때문이다. 고향이라는 곳이 전혀 고향답지 않다. 그러나 지금도 콩코드에는 충분히 심취하고 일체가 될 수 있는 자연이 거의 그대로 남아 있다. 미국이 자본주의의 최전선임에도 그렇다. 왜 우리는 벌써 자연을 다 망가뜨렸는가? 왜 우리에게는 심취하고 일체가 될 수 있는 자연이 남아 있지 못한가? 왜 우리는 고향의 인간일 수가 없는가? 왜 우리는 자연의 인간일 수 없는가? 이렇게도 천박하게 고향을 파괴한 인간들이 한반도 말고 이 세상의 다른 어디에 또 있는가? 그러면서도 매일 고향 타령을 하는 유행가를 부르고 듣고 하는 것만큼 웃기는 짓이 또 어디에 있는가? 고향을 이미 파괴했기에 그 파괴된 고향을 그리워하는 센티멘털리즘인가?

콩코드는 19세기 초 미국 개혁운동의 중심지였고, 그 운동에 참여한 개혁가들 가운데 소로만 유일하게 콩코드 출신이었다. 그러나 소로가 태어날 무렵만 해도 콩코드는 인구가 2천 명 정도에 불과한 작은 마을이었다. 보스턴에서 북서쪽으로 27킬로미터 정도 떨어진 그곳은 보스턴에서 뉴햄프셔나 매사추세츠로 가는 교통의 요지였지만 크게 부유하지는 않았고, 비교적 경제적으로 자립한 전통적 교양인들이 사는 조용한 마을이었으며, 주민들이 주민회의를 통해 마을의 일을 논의하는 지역자치가 이루어지는 곳이었다.[24]

....

24 솔트(Henry S. Salt, 1851~1939)는 콩코드 지역의 사회적 특징에 대해 "갑부도 드물지만 극빈자도 드물어 주민들이 너나없이 솔직하고 자연스럽다", "사치나 궁핍이 초래하는 폐단에서 벗어나 있으며 꾸밈없고 검소한 민중이 사는 곳", "그들은 삶의 방식이나 태도에서 허세를 부리지 않으면서 문학이나 학식을 소중하게 여겼다"고 설명했다. 솔트, 22쪽.

소로가 태어나기 약 40년 전에 터진 독립전쟁 때 그곳 주민들이 치른 노스브리지 전투는 미국의 역사에서 가장 유명한 전투로 그곳 주민들이 독립심이 강하고 정의감에 투철했음을 말해준다. 미국의 독립은 소로에게 대단히 중요한 역사적 의미가 있는 사건이었다. 그의 사상은 미국의 독립정신에서 나온 것이라고 해도 과언이 아니다. 그가 월든에 들어간 날도 독립기념일인 7월 4일이었다. 이는 의도적인 것이었다. 그는 독립정신을 잃고 타락한 미국인들에게 그 날의 의미를 되새길 것을 촉구하는 의미로 월든에 들어간 것이었다.

미국이 독립할 당시만 해도 콩코드에서는 농업이 중심이고 제조업과 상업은 그 다음이었다. 그러나 소로가 태어날 무렵에는 이 마을의 구조가 상업, 제조업, 농업의 순서로 바뀌었다. 그래서 마을의 중심에 새로운 상업지역이 형성됐고, 은행과 함께 각종 제조업 공장이 등장했으며, 역마차가 먼지를 일으키며 거리를 달리기 시작했다. 이는 물론 콩코드만이 아니라 1820년대 미국 전체의 변화였다.

마을에서 2~3분 거리에 있는 콩코드 강을 건너면 아직 개척되지 않은 자연이 펼쳐져 있었다. 마을은 광장과 쇼핑가가 있는 중심지와 그곳에서 사방으로 퍼지는 거리들로 이루어져 있었다. 소로는 월든에서 산 2년여를 제외하고는 평생 그곳 마을에서 살았다. 에머슨과 달리 그는 외국, 특히 당시 미국의 지식인들이 열등감을 느끼며 선망한 유럽에 간 적이 없었고 가고 싶어 하지도 않았다. 그는 유럽의 문화에 정통했고 그의 사상도 기본적으로 유럽적이었지만 유럽에 대한 그의 지식은 독서를 통해 얻은 것이었다.

나는 콩코드에서 살아본 적은 없지만 그 인근에 있는 보스턴에서 1년 반을 살아보았기에 그곳의 기후가 좋고 풍경이 아름답다는 것을 안다. 물론 대도시인 보스턴과 시골인 콩코드를 같다고 할 수는 없다. 마찬가지로 마을인 콩코드와 월든 호수가 있는 숲을 같다고 할 수도 없다. 월든 호수의 자연에 대해서는 뒤에서 다시 살펴보겠다.

가족

소로의 아버지 존 소로(John Thoreau)는 그다지 유능하지 못한 상인이었다. 그는 식료품점을 경영하기도 하고 교사생활을 하기도 했지만 어느 것에서도 제대로 성공하지 못했다. 그는 세상사에 관심이 많았고 특히 사람 사귀기, 독서, 음악을 좋아했다.

존 소로의 아버지, 그러니까 소로의 할아버지는 1754년 영국해협에 있는 저지 섬에서 위그노(프랑스계 프로테스탄트)인 포도주 상인의 아들로 태어나 배를 탔는데 1773년에 배가 난파해 표류하다가 뉴잉글랜드에 닿는 바람에 미국에서 장사를 했다. 소로는 평생 자신이 프랑스 혈통임을 자랑했으나 할아버지나 아버지를 특별히 좋아한 것 같지 않고, 그들의 체질을 이어받은 것 같지도 않다. 소로의 할머니는 스코틀랜드계 퀘이커교도였다.

소로의 성향에 강한 영향력을 발휘한 쪽은 어머니였다. 소로의 어머니인 신시아 던버(Cynthia Dunbar)는 대단히 적극적인 성격의 여성으로서 집안을 지배하고 사회개혁운동에도 적극적으로 참여했다.

소로가 개혁주의자가 된 데도 이런 어머니의 영향이 컸다. 소로의 외할아버지는 하버드대학 출신의 목사였고, 부유한 집안의 딸과 결혼했으며, 나중에는 변호사가 됐다. 외할아버지는 대학재학 중 식당에 불만을 품고 동맹휴학을 조직할 정도로 행동파였고, 외할머니도 감옥에 갇힌 오빠를 탈옥시킬 정도로 용감했다. 그 둘 사이에서 태어난 소로의 어머니도 용감한 여성이었다.

소로의 전기를 쓴 솔트는 소로의 부모에 대해 '행복한 결합'이라면서 "사치를 모르는 깨끗한 육신과 사회의 위선에 물들지 않은 맑은 정신을 가진 그들은 가정을 꾸렸고, 그 집의 초라한 화로에서는 자손들을 축복하는 향이 피어올랐다"[25]고 말했다. 그들은 노예폐지운동에 동참했다. 노예폐지가 매사추세츠에서 중요한 문제로 떠오르자 그들은 자신들의 집을 노예폐지론자들에게 모임장소로 빌려주었다. 부부는 산책과 자연관찰의 취미를 함께 했고, 그 취미는 자연스레 아이들에게 전해졌다.

소로의 위로 누나 헬런(Helen)과 형 존(John)이 있었다. 헬런은 평생 독신으로 교사 일을 했고, 소로가 하버드대학을 다닐 때 학비를 보태주었다. 존은 소로와 함께 콩코드 강과 메리맥 강을 여행했고, 사립학교를 같이 경영하기도 했다. 소로의 여동생 소피아(Sophia)는 소로가 죽은 뒤에 그의 원고를 정리했고, 한때 소로가 운영했던 가업인 연필사업도 이어받았다. 연필사업은 소로의 외사촌이 1821년에 흑연광맥을 발견하면서 시작된 것이었고, 소로의 아버지가 그 사업에 참여

----

25 솔트, 30쪽.

하면서 집안 살림이 조금씩 좋아졌다.

성장과정

아버지가 지어준 이름은 데이비드 헨리 소로였지만, 소로는 나중에 헨리 데이비드 소로로 이름을 바꾸었다. 소로는 다섯 살에 유치원에 들어갔고, 이어 초등학교를 다녔다. 학교에서 그는 외로운 아이, 즉 요즘 말로 왕따였다. 친구들은 그를 바보, 무정한 놈, 코가 큰 학자, 판사 등으로 부르며 놀렸다.

소로는 어른이 닭의 목을 비트는 모습을 천연덕스럽게 바라보았고, 콩코드에서 가장 잘사는 집의 초대를 받았을 때 가고 싶지 않다고 한 마디로 거절했으며, 거리에서 펼쳐지는 화려한 퍼레이드와 밴드행진에는 관심을 보이지 않았다. 소로는 이처럼 아이답지 않은 면이 뚜렷했으나 시골아이답게 자연 속에서 즐겁게 자란 점에서는 여느 아이와 크게 다를 바가 없었다. 다만 그는 주관이 강하고 고집이 셌으며 집단적인 것을 싫어한 점에서는 남달랐다.

하루는 학교에서 나이프가 없어졌다. 소로가 도둑으로 몰렸다. 집이 가난하다는 점, 자연을 좋아하는 그가 나이프를 필요로 했으리라는 점 등이 이유였다. 그러나 소로는 "나는 훔치지 않았다"고만 말했다. 며칠 뒤에 진짜 범인이 잡히자 그는 이렇게 말했다. "나는 누가 훔쳤는지를 알고 있었다. 나이프가 없어진 날에 나는 아버지와 함께 뉴턴에 갔었다." 사람들이 "왜 그날 그렇게 말하지 않았느냐"고 물었다.

그러자 소로는 "내가 훔치지 않았다는 사실은 분명히 말했다"고 대답했다.[26] 이 에피소드는 소로가 대단한 자존심을 가진 야성적인 아이였음을 보여준다. 소로의 스승인 채닝은 이 에피소드야말로 소로를 이해하는 데 하나의 열쇠가 된다고 했다.

어린 시절부터 다른 아이들과 어울리지 않고 혼자 자연 속에서 몇 시간씩 산책을 하거나 관찰을 하던 습관은 대학시절에는 물론 성인이 되어서도 그대로 이어졌다. 소로는 엄격한 청교도적 일요일 문화를 매우 싫어했다. 일요일에는 밖에 나가지도 못하고, 지하실에 처박혀 책을 읽을 수도 없고, 그저 경건하게 앉아 있어야만 했기 때문이다. 그런 그가 뒤에 청교도주의 기독교에 반항하게 된 것은 어쩌면 당연한 일이었다.

소로의 첫 에세이는 열 살 때인 1827년에 쓴 《사계절(The Seasons)》이라고 알려져 있다. 그 이듬해에 소로는 형과 함께 명문인 콩코드아카데미(1822년에 창립된 학교)에 입학했다. 그 무렵부터 소로는 고전과 문학에 탐닉했다.

연필공장 주인의 아들인 소로로서는 그 공장의 기술자가 되는 것이 당시로서는 당연한 진로였을 것이다. 그러나 학문을 좋아한 소로는 어머니의 도움으로 1833년 가을에 하버드대학으로 진학했다. 그때 소로의 나이는 열여섯 살이었다. 지금의 대학진학 연령에 비하면 꽤 이른 나이였다. 그러나 당시에는 보통 그런 나이에 대학에 들어갔으니 천재 운운할 필요는 없다. 게다가 소로의 입학성적은 겨우 합격할 정

26 William Ellery Channing, Thoreau: The Poet-Naturalist(Robert Brothers, 1873), p. 12.

도였다. 그는 암기 위주의 진부한 정규교육에 흥미를 느끼지 못했고, 이 때문에 학교성적이 그리 좋지 못했다. 그러나 그는 지루함을 견뎌 낸 끝에 졸업할 때는 졸업기념 연설을 맡을 정도로 학교성적이 나아졌다.

소로가 하버드대학 2년차가 된 해의 봄에 던킨이라는 교수가 당시의 진부한 교육에 대해 반발하고 나섰다. 소로는 그 소동에 전혀 참여하지 않았다. 그러나 무고한 피의자를 위해 변론서를 제출하는 데는 동참했다. 이를 보면 소로는 반발의 취지에는 동의했으나 집단적인 항의에는 참여하지 않았음을 알 수 있다. 이런 개인주의적 사고는 그의 평생을 지배했다. 이 점은 다음 글에서 나타난다.

"아아, 슬프다! 개인이 더 우위에 있다는 믿음이 부족한 것, 이것이야말로 이 시대의 개탄할 만한 죄악이다. 개인이 아니고서는 어떤 변화도 이루어질 수 없다. 도움을 원하는 사람은 결국은 모든 것을 탐낸다. 협동을 한다는 것은 우리의 존재가 연약함을 보여주는 증거일 뿐 결코 삶을 개선시키는 수단이 될 수는 없다. 개인이 먼저 홀로 성공해야 모두가 함께 그 성공을 향유할 수 있다. 우리가 목격하는 사회운동도 마찬가지다. 세상을 개혁하는 문제에서 우리는 협동에 대한 믿음을 가져서는 안 된다. 애초부터 협동은 이루어지지 않았던 것이다."[27]

....
27 솔트, 200쪽에서 재인용.

솔트는 "그가 스스로를 격리시키는 초연한 기질은 자만심이나 거만함 때문이 아니고, 그렇다고 부끄러움 때문도 아니며, 오직 일종의 꾸밈없는 '자기만족'을 위해서라고 급우들은 생각했다"[28]고 말했다. 그래서 소로는 하버드대학의 환경에 냉담했고, 하버드적 사고와 대립했던 것이다.

1836년에 열아홉 살이 된 소로는 수업료를 마련하기 위해 교사생활을 하려고 휴학했고, 아버지와 함께 연필을 팔러 뉴욕에 다녀오기도 했다. 이듬해인 1837년 봄에 에머슨의 《자연》을 읽고 감격한 그는 그해 여름에 콩코드와 인접한 링컨에 있는 프린트 호숫가에 오두막을 짓고 거기서 독서와 산보를 하며 6주를 지냈다. 이 6주는 월든 생활의 준비였다고 보아도 좋겠다. 지금 프린트 호숫가에는 소로연구소가 있다.

에머슨의 《자연》은 인간의 덕성, 언어, 예술, 학문을 진보시키는 원동력이 자연에 있다고 보고 자연의 위대함과 신비성을 시적인 문체로 쓴 책으로 소로에게 평생의 지침이 되었다. 에머슨은 1834년에 콩코드로 이사했으니 소로는 분명 그를 알고 지냈을 것이다.

초월주의

소로가 태어난 집은 콩코드의 버지니아 거리에 있었고, 그 후 가족과 함께 이사한 집은 지금도 콩코드의 메인 거리에 남아 있다. 소로는 이 집에서 죽을 때까지 살면서 집필을 했다. 이 집은 소로의 누이동생으

---

28 솔트, 34쪽.

로《월든》초판의 표지그림을 그린 소피아가 1877년에 작가인 루이자 메이 올코트에게 팔았고, 지금은 '소로-올코트 하우스'라고 불린다. 콩코드 마을에는 지금도 에머슨이 살았던 집(랠프 왈도 에머슨 하우스), 원래는 목사관으로 지어졌지만 나중에 작가인 내서니얼 호손이 들어가 신혼생활을 했던 집(올드 맨스), 올코트가 살았던 집(오처드 하우스)이 보존돼 있다.

그 무렵 보스턴을 중심으로 한 뉴잉글랜드는 미국에서 가장 발달된 지역이었으나 사상적으로는 황폐했다. 하버드대학과 매사추세츠 공과대학(MIT)이 있는 보스턴도 마찬가지였다.《주홍글씨》에서 볼 수 있는 엄격한 청교도주의가 어느 정도 사라지자 자본주의와 기독교가 결합된 속물적인 정신이 전반적인 분위기를 지배했다. 특히 에머슨이 목사직을 그만둔 해인 1832년부터 소로가 죽은 해이자 호손이《대리석의 목신》을 출간한 해인 1862년까지의 30년은 경제혁명이 미국을 시장사회로 변모시킨 시대였다.

보호관세의 제정, 철도와 운하의 발달에 의한 국내시장의 확대, 이민의 격증과 기술혁신에 따른 공장노동자의 증가, 은행의 발달과 외자의 유입에 의한 자본의 확충 등 여러 가지 조건이 중첩되면서 1830년 전후까지 유통부문에 기생했던 상업자본이 생산부문으로 활동범위를 넓혔고, 이에 따라 산업혁명이 본격적으로 시작됐다. 그것은 상품을 단순히 이동시키는 상업자본주의가 재료를 가공해 상품을 만드는 산업자본주의 체제로 변모하는 과정이었다. 그 과정은 일종의 창조였고, 그 창조자는 신이 아니라 인간이었다.

당시의 미국인들에게는 서부가 광대한 미개척지로 남아 있었다. 1803년에 미시시피 강 서쪽의 광대한 루이지애나 땅을 프랑스로부터 사들인 것을 계기로 '서쪽으로 가는 운동'이 활발하게 일어났다. 이 운동은 개인 속에서 신을 찾는 의식의 대두와 함께 현재 속에서 미래를 찾고 물질 속에서 정신을 찾는 과정이었고, 미국인들에게 무한한 가능성의 전망을 가져다주었다.

이때 최초의 미국사상으로 소위 초월주의(transcendentalism)가 등장했다. 이 말은 칸트철학의 'Transzendentalismus'에서 유래한 것이었다. 하지만 당시 미국에서는 이 말이 반드시 선험적 인식능력을 가리키는 칸트철학의 용법으로 사용된 것은 아니며, 영국의 콜리지나 칼라일을 통해 독일의 관념론을 선택적으로 흡수한 결과로 '실재를 인식함에 있어 객관적인 경험보다 시적, 직관적 통찰력을 중시하는 태도'라는 조금은 막연한 의미로 사용됐다. 그동안 우리나라에서는 일본에서 사용한 번역을 받아들여 이 말을 '초절주의(超絶主義)'라고도 옮겼으나 굳이 그런 어려운 말을 사용할 필요가 없다. '초월주의' 정도의 번역으로 충분하다고 본다.

흔히 초월주의는 1836년에 에머슨이 《자연》을 간행한 시점부터 시작됐다고들 하지만 사실은 에머슨 등이 그로부터 4년 뒤인 1840년에 창간한 잡지 〈다이얼〉에서부터 시작됐다고 봐야 한다. 이 잡지의 목표는 크게 특별할 것도 없는 다음 세 가지였다.

첫째, 일상생활의 경험을 통해 진리와 자유를 추구한다.

둘째, 속세의 명성과 권위를 떠나 뜨겁고 굳은 신념에 따라 산다.

셋째, 진실하고 명백하며 인간적인 것만을 탐구한다.

〈다이얼〉을 발간한 초월주의자들은 인간이 자연 속에서 자연을 배우는 것이 인간정신의 본질에 부합하는 자세라고 주장했다. 자연으로 복귀하는 것과 인위적 복잡함을 떠나 단순함으로 복귀하는 것을 목표로 삼아 누구나 자신의 힘으로 생각하고 자신의 손으로 노동해야 한다는 얘기였다. 특히 그들은 국가나 넓은 영토를 찬양하지 않고 도리어 그런 것들과는 반대되는 존재인 개인을 찬양했다.[29] 이런 사조의 영향으로 당시 미국의 지식인들 사이에서는 산보를 하거나 숲 속에 오두막을 짓고 거기서 생활하는 것이 유행했다.

소로도 그런 시대의 아들이었음은 두말할 나위가 없다. 일부 초월주의자들은 정신노동과 육체노동을 결합시키고 부자가 빈민에게 은혜를 베풀 수 있는 공동체농장을 세우기도 했으나, 개인과 자연(또는 신)의 직접대면을 중시한 에머슨과 소로는 그런 농장에 참여하지 않았다.

소로가 살았던 1820~1860년대는 개혁의 시대이기도 했다. 1820년대의 불황기에 빈민구제, 금주, 도박금지 등의 정책이 실시됐고 교도소의 개선과 죄수에 대한 처우의 개선, 부채의 정리, 여성·아동·빈민·불구자·장애자와 같은 약자에 대한 구제 등의 정책도 실시됐다. 또한 여성해방운동, 보통선거권운동, 평화운동, 노동운동, 노예제반대

....
29 솔트, 43~44쪽.

운동이 생겨났다. 그러한 분위기 속에서 에머슨과 소로도 개혁가의 정신을 지니고 있었다.

여기서 우리는 특히 노예제폐지운동에 주의할 필요가 있다. 소로의 가족뿐 아니라 그 가족과 같이 살았던 사람들 가운데 다수가 노예제폐지운동에 동참했다. 소로가 대학을 졸업하고 콩코드로 돌아왔을 때 노예제폐지운동은 절정에 이르렀고 소로도 적극적으로 참여했다. 그러나 소로는 노예제의 폐지를 위한 대중조직 활동을 벌이기보다는 인간의 정신개혁을 주장하는 입장에 찬성했다.

지금의 한국에서처럼 당시의 미국에서도 개혁을 둘러싸고 보수와 진보가 대립했다. 흔히 진보주의로 오해되는 당시의 '잭슨 민주주의'는 제도의 점진적인 완성을 주장했다는 점에서 사실상 보수주의였다. 진정한 진보파는 제도의 완성이 아니라 더 근본적인 변혁, 즉 새로운 인간상의 창조를 주장했다. 그 대표적인 사례는 퀘이커교도가 주축이 된 노예제 즉시폐지 운동이었고, 이 운동에 참여한 사람들은 그 방법으로 무저항주의를 내세웠다. 그들은 정의와 자유는 인간의 내면적 선량함에 근거를 둔 것이므로 끝내는 승리한다고 믿었다. 소로의 무저항주의도 바로 그런 시대의 소산이었다. 그 최초의 발상을 우리는 그의 대학졸업 연설에서 볼 수 있다.

"몸은 하버드대학의 일원이었지만…"

소로가 1837년 8월에 한 대학졸업 연설의 제목은 '현대의 영리정신:

국민성, 특히 정치, 도덕, 문학에 미친 영향에 대해'[30]였다. 이 연설에서 소로는 영리정신이 지배하게 되어 애국심과 종교까지 이기주의적이게 됐다고 비판하고 모두가 본래의 인간성으로 돌아가 도덕심을 키우고 인간다운 자립적 생활을 해야 한다고 주장했다. 그는 특히 영리정신에 입각한 '주 6일 노동, 1일 휴식' 대신 '주 1일 노동, 6일 휴식'을 주장했다. 연설의 이런 내용은 그의 평생을 지배한 변혁적 사상이 이미 대학졸업 시점에 확립돼 있었음을 보여준다. 그는 탐욕에 젖어 재화에 눈이 먼 이기주의자들도 다시 본래의 인간성으로 돌아가면 보편적인 진리를 깨달을 수 있을 것이라고 낙관했다.

대학시절에 소로는 그리 행복하지 않았다. 당시의 교육은 상당히 물질적이고 기술적이었다. 그는 생계유지 기술에 치우친 상업교육, 직업교육은 노예에게만 가치가 있는 교육이라고 비판하고 대학은 고대 로마에서처럼 자유인에게 가치가 있는 교육을 실시해야 한다고 주장했다.[31] 그가 24살에 쓴 일기에는 다음과 같은 내용이 있다.

"돌이켜 생각해보면 가끔 기능과 기술은 배웠지만, 그 대신 품성을 상실했다고 느끼지 않을 수 없다. (…) 사회는 인간을 그의 재능으로 평가하지만, 참된 인간을 알기 위해서는 그의 품성을 살펴볼 수밖에 없다."[32]

....
30 원제는 'The Commercial Spirit of Modern Times, Considered in its Influence on the Political, Moral, and Literary Character of a Nation'이다. Edwin Moser ed., College Essays, pp. 128~188.
31 《일기》, 1853년 1월 4일.
32 《일기》, 1842년 3월 27일.

"어른이나 아이나 상업술은 모조리 다 배우지만, 어떤 인간이 돼야 하는지는 전혀 배우지 못한다."[33]

소로는 교육은 어떻게 살아야 하는가를 가르치는 것이어야 한다고 주장했다. 삶 그 자체를 어떻게 섭취할 것인지, 세계라는 꽃에서 꿀을 어떻게 뽑아낼 것인지를 가르쳐야 한다는 것이었다.[34] 그는 대학을 졸업한 지 10년 뒤인 1847년에 하버드대학 동창회에 보낸 편지에 자신의 대학시절에 대해 다음과 같이 썼다.

"몸은 하버드대학의 일원이었지만 마음과 영혼은 그렇게 되지 못한 채 소년시대의 풍경 속에서 살았습니다. 학업에 전념해야 할 시기에 저는 고향의 숲을 구석구석 걸어 다니고 호수와 강을 탐색했습니다. 어둡고 고전적인 스터튼과 홀리스[35]의 담장 안에 갇혀 있었지만 영혼은 나의 오래된, 거의 잊어버린 친구인 자연과의 교류를 그리워했습니다."[36]

소로가 하버드대학을 좋아하지 않아 대학졸업장을 받지 않았다는 이야기가 있다. 그러나 이는 사실이 아니다. 그가 받지 않은 것은 석사학위였다. 당시 하버드대학의 석사학위는 대학졸업 후 3년간 생

33 《일기》, 1854년 6월 16일.
34 《일기》, 1851년 7월 7일.
35 하버드대학의 기숙사인 스터튼 홀(Stoughton Hall)과 홀리스 홀(Hollis Hall)을 가리킴.
36 George Willis Cooke, An Historical and Biographical Introduction to Accompany the Dial(Russel & Russel, Inc., 1961), vol. 1, p. 138.

존하고 5달러만 내면 누구나 받는 것이었는데 소로는 이것을 거부했던 것이다.[37] 뒤에 그는 대학은 인간교육을 실시하고, 품격을 존중하는 가치관과 목적성을 가져야 한다고 주장했다.[38] 하버드대학을 졸업했을 때 그는 이미 당대의 뛰어난 지식인으로서 고대 그리스어와 라틴어에 정통했고, 그리스로마의 고전을 비롯한 모든 학문에 조예가 깊었다.

소로가 하버드대학을 졸업한 다음날에 졸업행사의 일환으로 에머슨이 우등생 모임에서 '미국의 학자'라는 제목의 강연을 했다.[39] 이 강연을 소로가 들었는지 안 들었는지는 알 수 없다. 하지만 당대인 중에서 에머슨이 말한 미국의 새로운 학자상, 즉 미국이라는 조국의 현실을 충실히 관찰하는 태도와 세계사에 대한 폭넓고 심오한 관점을 갖춘 학자상에 소로만큼 부합하는 사람은 없었다.

소로는 1837년 11월 22일부터 일기를 쓰기 시작했다. 대학시절의 은사인 채닝의 가르침대로 자기의 사상을 자기다운 스타일로 썼다. 초기의 일기에서는 어려운 상황으로 인한 실의와 자기도야의 노력이 엿보인다. 그 후 25년에 걸쳐 씌어진 그의 일기는 원고 상태로 권수로는 47권에 이르고 단어수로는 2백만 단어가 넘는다. 《일기》는 25년 동안에 걸친 그의 모든 생활, 사색, 글쓰기의 전모를 보여준다.

소로가 살던 시대에는 대학을 졸업하는 사람이 많지 않았다. 대학을 졸업한 사람들은 대체로 목사, 변호사, 의사 등으로 일하며 살았

------

37 Walter Harding, A Thoreau Handbook(The Gotham Library), pp. 3~4.
38 《일기》, 1852년 8월 27일.
39 에머슨 지음, 이창배 옮김, 《사회는 결코 진보하지 않는다》, 황금두뇌, 1999.

다. 소로는 대부분의 다른 대학졸업자들과 달리 교사가 되고 싶어 했다. 그는 교사로 일하는 친구에게 보낸 편지[40]에서 뉴잉글랜드 사람들의 물질주의적인 삶의 방식에 대한 회의감을 내비치고 친구처럼 시골의 교사로 일하고 싶다고 말했다. 그러나 마침 미국경제가 최초로 불황에 빠져 교사 자리를 얻는 것도 쉽지 않았다.

사실 그에게는 그 어떤 직장도 임시적인 것이었고, 무의미한 것에 불과했다. 삶 자체를 우선시하는 그에게 삶을 위한 수단에 불과한 직장은 일종의 필요악에 지나지 않았다. 직업과 가정을 포함한 일상세계는 본래의 그가 살아야 할 장소가 아니었다. 그것은 어쩔 수 없이 잠시 머무는 임시거처에 불과했다. 소로는 그런 자신을 아드메투스 왕의 시중을 드는 아폴론에 비유하면서 자신은 실용적인 목적에는 전혀 관심이 없는 인간이라고 했다.[41]

제우스에 의해 아들을 잃은 태양의 신 아폴론은 아들이 처형당하는 데 사용된 번갯불을 제작한 자를 죽인 죄로 1년간 올림포스에서 추방되어 아드메투스 왕의 시중을 들어야 했다. 소로는 자신을 올림포스에서 추방되어 상업, 생산, 농업을 상징하는 아드메투스 왕이 다스리는 곳과 같은 콩코드의 마을에서 살아야 하는 존재로 묘사한 것이었다. 이는 물질만능의 일상 속에서 살아야 하는 자신의 정신적 고독감을 그리스신화에 빗대어 표현한 것이었다.

....

40 1837년 10월 13일자 편지. Walter Harding and Carl Bode eds., The Correspondence of Henry David Thoreau(New York University Press, 1958), pp. 12~13.
41 《편지》, p. 47; 《일기》, 1851년 8월 6일.

"농부나 지주가 됨으로써 나의 자유를 잃어서는 안 된다. 대부분의 인간은 어떤 직업을 갖는다 해도 저주를 받는다."[42]

소로는 1837년 말에 어느 농촌학교에 취직했으나 체벌을 강요하는 학교 측과 마찰을 빚다가 2주 만에 그만뒀다. 1838년 봄에는 형과 함께 덜 문명화된 서부로 가서 함께 학교를 경영하거나 다른 직업을 찾아볼 계획을 세웠으나 뜻을 이루지는 못했다.[43] 그는 대신 혼자 메인 주에 가보았지만 거기서 직장을 찾지는 못했다. 그 뒤에 그는 학교에 취직하려고 했으나 자리가 나지 않자 결국은 아버지의 연필공장 일을 도왔다. 연필을 만드는 데 들어가는 재료인 흑연가루는 나중에 소로를 죽게 만든 결핵의 원인이 됐다.

대학을 졸업한 직후인 1837년 가을에 소로는 에머슨을 중심으로 한 콩코드그룹, 즉 초월주의자들의 모임에 참여했다. 1835년부터 콩코드에 살면서 하버드대학에서 강의를 한 에머슨은 이때부터 소로와 알고 지냈다. 14살 위인 에머슨은 소로를 콩코드그룹의 여러 사람에게 소개했다. 소로가 1840년부터 콩코드에서 산 브론슨 올코트(Bronson Alcott)를 알게 된 것도 바로 콩코드그룹을 통해서였다.

교사가 되고 싶었던 소로는 1838년 6월에 형과 함께 자기 집에 학교를 열었다. 그 학교의 슬로건은 '체벌 없는 학교'였고, 그 자체로 하나의 개혁이었다. 가르친 과목은 야외견학, 실기, 측량, 역사, 지리, 박

42 《일기》, 1841년 3월 27일.
43 《편지》, p. 24.

물학, 지질학, 고고학 등이었다. 소로의 교육법은 나중에 존 듀이의 진보주의 교육법으로 이어졌다. 소로의 개혁활동은 이처럼 그 자신이 세운 학교에서 시작됐다. 그러나 그러한 학교개혁도 자연에 비하면 무의미한 것이었다. 그에게 가장 큰 의미를 가진 더욱 근본적인 개혁은 어디까지나 '자연 속에서 사는 것'이었다.

자연으로의 탈출

현실적으로 자연 속에서 살 수 없었던 소로는 끊임없이 자연으로의 탈출을 시도했다. 1839년 8월 31일에 그는 형과 함께 일주일 걸려 직접 만든 보트를 타고 콩코드 강과 메리맥 강을 따라 뉴햄프셔 주의 화이트 산까지 갔다가 9월 13일 저녁에 돌아왔다. 나중에 월든에서 쓴 《콩코드 강과 메리맥 강의 일주일》은 바로 이때의 여행경험을 담은 글이다. 이 작품은 《메인 숲》, 《케이프코드》와 함께 소로의 여행기 3부작을 구성한다.

　소로에게 여행은 탐험이었다. 그가 한 여행은 친숙한 모든 것을 떠나 전혀 새로운 것을 찾아 미지의 자연 속으로 끝없이 나아가는 것이었다. 그는 청춘을 무참하게도 과거의 기억으로 만들어버린 일상세계와 헤어져 참된 고향을 찾아가는 탐험을 했던 것이다. 아폴론이 올림포스로 되돌아가기 위해 아드메투스의 세계에서 떠나야 했듯이 소로도 새로운 풍경으로 가기 위해 친숙한 모든 것과 결별해야 했다. 낡은 것에 사로잡혀 있는 한 참된 의미에서 새롭고 훌륭한 삶을 살 수 없었다. 여행뿐 아니라 나날의 산책도 소로에게는 모든 낡은 것, 익숙한 것으로부터의 이탈이요 탈출이요 해방이었다.

콩코드 강에 자신을 내맡긴 여행은 그때까지 자신을 억압해온 외부와 결별하고 순수한 자신의 내부를 향해 가는 것이었다. 강은 자신의 내부를 낡은 외부에서 떼어내어 새로운 외부로 옮겨주는 해방자였다. 일상세계에서는 호흡조차 불가능했지만 강에 자신을 내맡기면서 낡은 세계로부터, 모든 외부와의 대립으로부터 해방되어 자신의 내부가 부활하는 느낌이 들었다. 그가 대학을 졸업한 직후에 쓴 일기에 다음과 같은 내용이 들어 있다.

"만일 자신의 내부로 침잠하고자 한다면 어딘가 조용한 강에 배를 띄우고 그 흐름과 함께 흘러갈 일이다."[44]

강에 자신을 내맡기는 것으로 해방될 수 있다고 한 이유는 무엇인가? 소로는 '강의 움직임과 미지의 길이' 때문이라고 했다.[45] 그러나 소로는 강의 끝까지 거슬러 올라가도 자신이 일상세계에서 완전히 벗어나지는 못한다는 것을 알고 있었다. 그래서 그는 일상세계에 정착하고 그 세계와의 싸움을 통해 모든 일상적인 관념을 제거해나가면서 그 근본에 있는 실체를 탐구해야 한다고 생각했다. 그의 월든 생활은 바로 그러한 삶이었다.

....
44 《일기》, 1837년 11월 3일.
45 《일기》, 1858년 7월 2일.

1839년에 소로는 자신이 가르치던 학생의 누나인 엘런 수얼(Ellen Sewall)과 연애를 했지만 결실을 맺지는 못했다. 청교도 목사인 그녀의 아버지가 소로를 싫어했기 때문이다. 소로는 죽기 직전에 그녀를 평생 사랑했다고 말했다. 엘런과 헤어진 뒤에 소로는 에머슨의 여동생을 비롯해 몇몇 여인과 연애를 했으나 결혼은 하지 않고 독신으로 살았다. 소로는 〈다이얼〉의 창간호에 엘런과 연애한 경험을 바탕으로 쓴 시 '동정(Sympathy)'을 기고했다. 소로는 1840년에는 콩코드 강 여행을 기록하기 시작했고, 1년 이상 써온 에세이 '봉사(The Service)'를 〈다이얼〉에 보냈으나 게재를 거부당했다.

　　1841년 4월에 형이 파상풍에 걸렸다. 소로는 학교 문을 닫았고, 이때부터 2년간 에머슨의 집에서 일꾼으로 살면서 산보와 독서에 열중했다. 당시에 소로는 특히 동양철학 독서에 열중했다. 1842년 1월에 형이 죽었다. 형을 헌신적으로 간호한 그도 같은 병에 걸렸으나 기적적으로 살아났다. 그 해 7월에는 〈다이얼〉에 《매사추세츠 자연사》를 실었고, 이어 7편의 시도 발표했다. 소로는 그 해에 콩코드로 이사 온 내서니얼 호손과도 알게 된다.

　　소로는 1843년 1월에는 〈문학잡지〉에 에세이 《워추세트 기행》을 실었고, 4월에는 〈다이얼〉을 편집하면서 번역시와 자작시, 공자와 관련된 동양서적의 번역을 실었다.

　　1843년 5월에 소로는 에머슨의 추천을 받아 그의 형 자녀의 가정교사로 일하기 위해 뉴욕으로 떠났다(일설에는 에머슨이 자신의 재혼한 아내와 소로의 친밀한 관계[46]를 싫어해 소로를 뉴욕으로 보냈다고

도 한다). 소로가 뉴욕과 그곳의 군중을 혐오했다는 사실은 6월 8일에 에머슨에게 보낸 편지에 다음과 같은 내용이 들어있는 것으로 미루어 짐작할 수 있다.

"바라보면 바라볼수록 이 도시는 제 마음에 들지 않습니다. 더욱 더 싫어질 뿐입니다. 이 도시를 바라보는 제 자신의 눈이 부끄럽습니다. 저로서는 상상할 수 없었을 정도로 너무나 비열한 곳입니다."[47]

이에 앞서 그는 뉴욕에 도착하자마자 어머니에게 이런 내용의 편지를 보내기도 했다.

"제가 호흡하기에는 대륙 전부가 필요합니다. (…) 저는 남해안의 해변에서 살아야 합니다. 거기에서는 바로 눈앞에 바다가 펼쳐집니다."[48]

도시는 자연을 배제한 곳에 만들어진다. 도시를 지배하는 문명의 원리는 자연을 도시에 맞추어 추상화함으로써 '인간보다 웅대한 자연'을 인간으로부터 박탈한다. 그리하여 자연에서 추방된 인간은 도

....
46 이에 대해서는 소로 연구자들 사이에 의견이 엇갈린다. 두 사람이 정확히 어떤 관계였는지는 나도 알아낼 수 없었다. 하지만 설령 어떤 관계가 있었다고 해도 무방한 것 아니겠는가?
47 《편지》, p. 111.
48 《편지》, p. 100.

시에서 개성을 상실한 잡다한 군중 속에 섞여 본래의 자기 모습을 잃어간다. 자연을 지배하는 데 성공한 인간은 승리의 도취 속에서 자연에게 복수를 당하는 것이다. 소로는 대륙 전부, 또는 바로 눈앞에 바다가 펼쳐진 자연을 필요로 했다.

소로가 원한 서부여행이나 대륙여행, 또는 남해여행은 당시의 서부개척, 즉 프런티어 운동과는 그 성격이 달랐다는 점에 유의해야 한다. 소로가 당시에 절정에 이른 프런티어 운동을 인류의 진보방향과 일치하는 것으로 보고 지지했던 것은 사실이다. 그러나 그 지지는 서부개척 그 자체에 대한 것이었다기보다는 도시를 벗어나 미개의 자연 속으로 나아가는 것이라는 그 운동의 성격에 대한 것이었다고 보는 게 더 정확하다. 왜냐하면 서부개척은 산업혁명이 진전됨에 따라 동부의 산업조직에서 소외된 농민과 노동자가 정착지와 돈벌이를 찾아 서부로 이동하는 것이었는데 서부개척의 이런 측면은 소로의 입장에 반하는 것이기 때문이다. 서부개척은 소로에게는 산문화된 도시를 떠나 미개척의 자연으로 향한다는 의미였던 반면에 실제의 서부개척자들에게는 서부의 자연을 개척하고 그곳에 동부와 같은 도시를 건설한다는 의미였다. 소로에게 서부는 어디까지나 정신적인 가치를 가진 곳이었고, 물질적인 가치와는 무관한 곳이었다.[49]

인간의 정신은 무한하다는 생각은 초월주의자들에게 공통된 것이었지만, 특히 소로의 경우 일상세계에서 사람들이 물질적인 부와 사회적인 관습 등 외부적 신을 우상화하는 '일률화된 절망(a stereotyped

---

49《편지》, p. 436.

despair)'의 상태에 빠져 '자기 운명의 장대함'을 깨닫지 못하는 것을 개탄했다.[50] 그러한 외면적인 생활이 유일한 삶의 방식이라고 믿는 사람들은 자신의 내면이 얼마나 풍요로운 가능성의 저장고인지를 깨닫지 못한다. 그들은 새로운 궤도로 갈아타는 경험은 평생 하지도 못한 채 늘 하나의 궤도만을 반복해 돌기만 한다. 그리고 그 삶이 평화롭다고 생각한다.

소로는 그런 평화보다는 혼란을 추구하여 언제나 다른 궤도로 옮겨가려고 했다. 그래서 현재 자기가 도는 궤도가 아닌 다른 새로운 궤도를 늘 상상했다. 그러기 위해서는 현재의 궤도가 자기에게 유일하고 궁극적인 궤도가 아니며, 새로운 궤도가 얼마든지 자기를 기다리고 있다고 생각해야 한다. 현재의 자기 자신에 머무르지 않고 무한히 자신을 초월해 새로운 곳으로 가서 자유롭게 살 수 있다고 생각하는 의식이 자신의 내부를 정체된 상태로부터 구출해주는 것이다.

소로는 대니얼(Samuel Daniel)의 시 〈컴벌랜드 백작부인 마거릿에게〉의 일절인 '만일 인간이 자신을 초월할 수 없다면 인간이란 얼마나 시시한 것인가?'[51]를 애송했다. 이 시구가 전하는 대로 반복의 원리 대신 초월의 원리를 도입하는 것이 일상세계를 닫힌 장에서 열린 장으로 변화시킨다고 소로는 생각했다. 그리고 일상생활로부터 완전히 벗어나는 것은 곧 반복이라는 일상세계의 원리를 완전히 부정하는 것을 의미했다.

....

50 《일기》, 1857년 1월 13일.
51 Unless above himself he can erect himself, how poor a thing is man!

그러나 소로는 서부로도, 대륙으로도, 남해로도 가지 못하고 1843년 11월에 콩코드로 돌아와 가업인 연필제조업에 종사했다. 그는 그 일을 싫어했으나 새로운 기술로 경영을 호전시키기도 했다. 그는 그 해 〈다이얼〉 10월호에 에세이 《겨울산책(A Winter Walk)》, 〈민주평론〉 10월호에 에세이 《지주(The Landlord)》, 〈민주평론〉 11월호에 《부활해야 할 낙원(Paradise (to be) Regained)》을 실었다.

1844년 4월에 소로는 낚시를 하고 고기를 굽다가 숲에 불을 냈다. 소로는 마을로 지원을 요청하러 갔다가 현장으로 돌아가지 않고 가까운 언덕 위에 올라가 숲이 불타고 사람들이 불을 끄는 모습을 바라보았다. 그는 불을 끄는 사람들이 보여준 넘치는 에너지의 아름다움이 숲의 소멸을 충분히 보상했다는 식으로 일기를 썼다. 함께 불을 낸 사람이 마을 유력자의 아들이어서 구속은 면했다. 이 사건 이후 그는 '숲을 태운 자'라고 불렸다.

콩코드그룹은 글쓰기보다 말하기를 좋아하는 모임이어서 소로와는 맞지 않았다. 〈다이얼〉은 별로 팔리지 않아 1844년 4월호를 끝으로 폐간됐다. 소로가 이 잡지에 기고한 글은 모두 31편이었다.

잡지에 기고하는 것과 함께 소로가 가장 중시한 활동은 콩코드의 시민강좌에서 강연을 하는 것이었다. 사실 그의 주요 저작 대부분이 이런 강연의 원고였다. 당시 미국에서는 강연이 중요한 문화활동이었다. 오랜 식민지 시대를 거쳐 정치적 독립을 쟁취한 미국의 민중은 지적, 문화적 욕구를 강하게 느꼈다. 그래서 생겨난 것이 아메리칸 라이시엄(American Lyceum)이라는 일종의 시민교육기관이며, 그 효시는 1826년 매사추세츠 주의 밀버리에 개설된 라이시엄이다. 이것은 고대 그리스의 아테네 외곽에 설립됐던 학원 '리케이온'에서 그 이름을 따온 것으로, 아리스토텔레스가 학원의 나무 사이를 거닐며 학생들을 가르쳤다고 하여 리케이온에서 교육받은 사람들을 소요학파라고 부르기도 한다. 1829년에는 소로가 사는 콩코드에도 라이시엄이 개설됐고, 1834년까지 미국 전역에 3천 개나 되는 라이시엄이 개설됐다고 한다. 콩코드 라이시엄은 1881년까지 52년간 지속됐고, 그동안 모두 795회의 강연이 실시됐다.

콩코드 라이시엄이 개설됐을 때 소로는 12살의 나이로 강연회에 참석했다.[52] 이후 소로는 21살에 대학을 졸업하면서 콩코드 라이시엄의 간부가 되어 서기와 평의원의 직책을 2년간 맡았다. 그는 23살, 25살, 28살, 36살에도 서기와 평의원 직을 맡았으나 그 뒤로는 이런 간부직을 그만두고 강연자로만 활동했다. 소로는 1838년에 '사회(Society)'라는 제목의 강연을 한 것을 시작으로 1860년에 '야생의 사과(Wild apple)'라는 제목의 강연을 하기까지 모두 19차례의 강연을 했다. '사회'라는 강연에서 그는 조직은 사람을 위해 만들어지는 것이지 사람이 조직을 위해 만들어지는 것은 아니라고 했다.[53]

소로는 콩코드뿐만 아니라 다른 곳에서도 강연을 했다(평생 74차

52 Walter Harding, The Days of Henry Thoreau(Princeton University Press, 1979), p. 29.
53 Kenneth Walter Cameron, The Massachusetts Lyceum During the American Renaissance (Transcendental Books, 1969), pp. 101~175.

례의 강연을 했다고 한다). 한때는 에머슨처럼 강연으로 생활비를 벌어볼까 하는 생각도 했다(당시 강연료는 25달러 정도였다). 그러나 그의 강연은 호평을 얻지 못했을 뿐 아니라 청중의 반감을 사는 경우도 많았다. 다만 1848년에 월든에 대해 한 강연만큼은 호평을 받았다.[54] 소로는 이와 같이 강연을 기초로 저술을 했고, 이 점에서 마크 트웨인으로 대표되는 미국 구어문학의 선구자로 평가되기도 한다.

소로는 1844년 여름에는 채닝과 함께 보트를 타고 허드슨 강을 따라 캐츠킬 산까지 갔다. 8월 1일에 집에 돌아온 그는 에머슨의 노예제 반대 강연에 보다 많은 마을사람을 끌어 모으기 위해 교회의 종을 치는 등 시민강좌를 돕거나 직접 강연을 하는 일을 열심히 했다.

이즈음에 소로는 강연 외에 여행과 등산에도 많은 시간을 쏟아 부었다. 그는 콩코드 강과 메리맥 강을 보트로 여행했고 메인 숲, 케이프코드, 워싱턴 산, 워추세트 산, 모나드노크 산, 그레이트로크 산, 캐츠킬 산, 크타든 산 등을 누볐다. 그는 언제나 방문할 곳의 지리와 지명을 철저히 조사한 뒤에 여행을 떠났다. 여행지에서는 그곳의 동식물을 관찰하고 채집했고, 그곳의 전승문화와 유적을 꼼꼼히 확인했다. 그리고 여행에서 돌아오면 시간을 들여 여행지에서 새로 알게 된 것을 정리했다.

소로는 도서관을 애용했다. 그가 주로 이용한 곳은 보스턴의 자연사협회(Society of Natural History) 도서관과 하버드대학 도서관이다. 하버드대학 도서관은 처음에는 그가 대출구역 밖에 산다는 이유로

54 Walter Harding, Thoreau: Man of Concord(Holt, Reinhart and Winston, 1960), p. 89.

그에게 이용을 허락하지 않았다. 그는 총장과 도서관 사서를 설득해 도서관의 규칙까지 바꾸게 하고 이용허가를 받아냈다. 그의 도서관 사랑이 어쩌나 지극했는지 책을 빨리 보고 싶어 아침에 개관도 하기 전에 창문을 통해 몰래 도서관에 들어갔다는 일화도 전해진다.

소로는 마을의 부랑자나 아이들과 친하게 지내면서 그들과 이야기하기를 즐겼다. 그는 그들과의 대화를 통해 동식물에 대한 정보를 얻었다. 또한 그는 당시의 지식인으로서는 드물게도 인디언에 대한 관심이 깊었다. 원주민 조 보리스는 소로가 가장 존경하는 친구이자 영웅이었다. 소로는 원주민의 언어, 주거, 의복, 관습에 관한 자료, 문헌, 유품 등을 수집하고 정리했다.

소로의 종교관

소로에 대해 이야기할 때 그의 기독교관 내지 종교관을 빼놓을 수 없다. 아니, 서양인이라면 그가 누구든 기독교에 대한 그의 입장을 이해하지 않으면 그를 제대로 이해했다고 말할 수 없을 정도로 기독교는 서양인과 떼어낼 수 없는 주제다.

소로는 당시 미국 기독교의 주류였던 청교도주의를 싫어했다. 그러나 그런 그에게도 영원에 대한 추구는 인간관계 이상으로 중요했다. 그는 성서나 교회의 속박에서 벗어나 더 넓은 자연에서 영원을 추구했다. 이런 그의 태도는 기독교의 입장에서 볼 때 이단이었다. 그때는 니체가 '신은 죽었다'고 주장하기 몇십 년 전이었다. 소로는 그렇게까지 말하지는 않았으나 조용한 아침의 산책을 망쳐놓는 교회의 종소리나 시끄러운 목사의 설교를 저주했고, 교회는 진리의 집이 아니라 위선의 집이라고 비판했다. "교회! 그것은 너무나도 겁 많은 사람들의 모임이다. 그 중요한 기둥을 이루는 사람들은 체질적으로나 원리적으로나 사회에서 가장 비겁한 자들이다."[55]

미국과 유럽 등 기독교 세계에서 출판된 소로 연구서를 보면 소로의 종교관에 대한 설명이 꽤 많이 나온다. 그 주된 내용은 이런 것이다. 소로는 신을 부정하지는 않았지만 당시의 종교나 교회에 대해서는 상당히 비판적이었다. 그는 기독교보다는 동양사상, 특히 인도사상에 심취해 《바가바드기타》를 구약의 《전도서》와 함께 열심히 읽었다. 소로의 종교관과 관련해 중요한 점은 그가 기독교를 유일한 종교로 여기던 당시 서구의 경향을 비판적으로 보고 세계의 다양한 종교와 사상을 인정했다는 것이다.

그러나 소로는 윤리에 관한 한 전통적인 기독교 윤리를 그대로 받아들였다. 가령 《일기》에는 당시 성에 관한 이야기가 유행하는 데 대해 그가 분노했다는 이야기가 나온다.[56] 또한 그는 자신이 추구하는 길은 정치가나 상인이 추구하는 길과 근본적으로 다르다고 밝혔고, 신과 진리를 찾는 것을 유일한 목표로 삼고 살아가는 것이 기독교의 전통이며 이는 권력과 재력의 획득을 유일한 목표로 삼고 살아가는 세속주의를 부정하는 것임을 강조했다.[57] 뿐만 아니라 그는 술을 마시는 것은

55 《일기》, 1858년 11월 16일.
56 《일기》, 1852년 4월 12일.
57 《일기》, 1853년 10월 21일.

물을 사랑하기를 그만두는 행위라면서 가장 값싸게 즐기는 것이 가장 부유한 생활을 하는 것이라고 썼다.[58] 그러나 그가 이렇게 단순하고 소박한 생활을 주장한 것이 반드시 기독교의 영향 때문이었다고 볼 수는 없다.

소로는 신에 대해서는 거의 말하지 않았다. 그렇다고 해서 그가 니체처럼 신을 부정하거나 전혀 신을 믿지 않았다고 말할 수는 없다. 다만 그에게는 신이 그다지 큰 관심사가 아니었던 것 같다. 그에게는 자연이 곧 신이었을 수 있겠지만 구태여 그렇게 말해야 할 필요는 없다. 우리에게는 '기독교인'인 소로가 아닌 '자연인'인 소로로 충분하다. 게다가 기독교인과 자연인은 상반되는 측면을 갖고 있다.

소로는 대학을 졸업한 뒤에는 교회에 다니지 않았다. 그 시대의 종교에 대해 정확히 알기 위해서는 복잡한 설명이 필요하지만 여기서는 한마디의 간단한 언급만 하고 넘어가겠다.

당시의 기독교는 물질주의에 젖어 본래의 정신주의적 성격을 상실한 상태였다. 소로는 물질주의의 상징인 교회를 추악한 타락의 집으로 보았다. 그가 보기에 목사는 신학교를 나와 그럴듯하게 품위를 유지하며 돈을 버는 세속적인 직업의 하나에 불과했다. 교회는 '정치가의 연설보다 더욱 세련된' 설교로 '원죄와 속죄'라는 미신을 대중의 마음속에 심어 넣고 교묘하게 그들을 지배하는 조직으로 타락했다고 소로는 생각했다. 선교사의 선교라는 것도 '이교도가 이교도를 개종시키기 위한, 죽은 자가 죽은 자를 매장하기 위한' 행위에 불과했다.

---

58 《일기》, 1856년 3월 1일.

소로는 특히 교회가 노예제 폐지운동에 찬성하기는커녕 반대하는 모습을 보고 분노했다. 그는 교회가 무의미할 뿐 아니라 해악마저 끼치는 기구라고 비판했다. 진정한 신은 피부색에 따른 인간의 차별을 인정하지 않는데 신의 집이라는 교회가 그런 차별을 인정하는 것은 도저히 용납할 수 없는 허위이자 위선이라는 것이었다. "오늘의 교회여! 네가 용납하는 것은 무엇인가? 진실이 아니라 위선이다. (…) 교회여! 너는 너무나도 비겁한 기구다. 교회의 수장과 교회를 뒷받침하는 사람들은 체질적으로나 신념에 있어서나 사회에서 가장 허약한 자들이 아닌가?"[59] 당시 교회는 노예상이나 노예제 유지파와 유착돼 있었다. 그들은 종교의 본질에 대해서는 무관심했고, 종교적 영감과도 무연했으며, 현실적으로 절실하게 필요한 자선에도 무심했다.

"이 세상에 죽음과 장례식이 사라진다면 교회의 존재의의도 없어질 것이다. (…) 월급이 없어진다면 신부도 성직자도 없어질 것이다. 묘지가 없는 교회라면 무슨 의미가 있을까?"[60]

소로가 보기에 종교와 교회의 유일한 존재이유는 사회적 편의주의가 낳은 도덕이나 법률이 시사하는 도덕을 넘어 초도덕적인 미덕이 존재함을 명백하게 밝히고 그런 미덕에 다가가기 위한 노력을 촉구하는 것이었다. 그러나 당시의 종교와 교회는 그렇게 하지 않았다. 교회

---

59 《일기》, 1858년 11월 16일.
60 《편지》, pp. 195~196.

에 가는 것은 하나의 습관이 되어 오락장이나 사교장을 출입하는 것과 하등 다를 바 없게 됐다. 교회가 그 참된 목적인 영혼의 문을 여는 역할을 하지 않는 탓에 많은 사람이 자신의 동물성을 신적인 것이라고 생각하고 그 노예가 되어 하루도 쉬지 않고 일하면서 영혼의 존재를 잊고 살았고, 그렇게 사는 것이 근면한 삶의 태도라고 칭찬받았다. 게다가 교회는 종파 간 대립을 일삼아 종파끼리 서로 배타적이게 됐다.

그런 교회의 모습을 본 소로는 참된 종교적 체험을 얻기 위해서는 먼저 교회에서 벗어나 자기 자신에게 돌아가는 것이 중요하다고 생각했다. 그래서 그는 대학을 졸업한 뒤에는 교회에 가지 않았고, 크리스마스를 비롯한 미국사회의 모든 기독교적 관습을 배격했다.[61] 대신에 그는 새로운 교회, 아니 진정한 교회를 자연에서 찾았다. 그것은 바로 신을 명상하기에 적합한 월든의 숲이나 메인의 숲이었다. 당시의 교회는 그를 무신론자로 보았지만 그는 나름대로 참된 종교인이었던 것이다. 그는 그리스도를 가장 잘 이해하기 위해서는 기독교 신자가 아닐 필요가 있다고 주장할 정도로 기독교에 대해 객관적인 태도를 유지했다. 그러면서 그는 여러 동양종교를 섭렵했다. 스스로 히브리어 성경보다 힌두교 경전이나 중국과 페르시아의 경전을 더 잘 안다고 말할 정도였다.

소로는 에머슨을 통해 세계 여러 나라의 종교와 사상을 접했고,

....

61 Sherman Paul, The Shores of America: Thoreau's Inward Exploration(The University of Illinois Press, 1958), p. 31.

1843년부터 1년간 〈다이얼〉에 '다양한 국민의 경전'이라는 제목으로 동양문헌에서 발췌한 내용을 소개하면서 동양사상에 깊숙이 들어간 것으로 보인다. 그가 발췌해 소개한 동양문헌은 《마누법전》, 《공자어록》, 《사서》, 《불경》 등이었다. 그러나 《월든》을 비롯한 소로의 저작을 보면 동양사상이 그의 사상에 큰 영향을 미쳤다고 보기 힘들다.

그는 1855년에 인도의 철학과 시가 담긴 44권의 책을 선물로 받았으나 거의 읽지 않았다. 그는 인도의 수도자와 같이 자신의 영혼을 단련하기 위해 고독을 찾았으나 고행과 금욕에는 아무런 관심도 갖지 않았다. 그는 자신이 힌두교에 관심을 갖게 된 것은 힌두교가 성실 이외의 진리를 인정하지 않으며 힌두교의 진리가 외부의 기준이 아닌 내면의 기준에 근거를 두기 때문이라고 설명했다.[62] 소로의 종교관은 범신론적인 것이었으며 아시시의 프란체스코가 주장한 바와 크게 다르지 않았다.

도덕적 개혁

소로의 초기작품 중 가장 중요한 것은 1840년에 쓴 《봉사: 전사의 자격 (Service-Qualities of the Recruit)》이다. 그는 이 원고를 〈다이얼〉에 보냈지만 게재를 거절당했다. 이 글은 소로의 생전에는 출판되지 못했다. 이 글은 '용기를 가지고 아침전투의 돌격을 준비하는' 자가 갖추어야 할 점을 논한 것이었다. 소로는 《월든》에서도 인생의 싸움과 관

---

62 《일기》, 1841년 8월 28일.

련해 "전사는 모두 우리 생활의 각 순간에 전투의 제일선에 있다"고 했다. 여기서 전투란 두말할 필요도 없이 인간의 내면에서 벌어지는 선과 악의 전투, 다시 말해 도덕적인 개혁을 위한 싸움을 가리킨다.

그런데 이 전투는 모든 사람이 치르는 것이므로 거기에 일종의 연대가 존재한다고 소로는 보았다. 따라서 격렬한 전투 중에도 전사는 자신만 생각해서는 안 되고 타인을 배려해야 한다. 그는 "나는 타인에게 더욱 더 많이 이용되려 한다"면서 "내가 그들에게 도움이 돼야 하기 때문"이라고 일기에 썼다. 여기서 개인주의자인 소로의 독특한 자기신뢰 사상을 볼 수 있다.

소로는 1842년 〈다이얼〉 제3권에 기고한 《매사추세츠 자연사 (Natural History of Massachusetts)》에서 "인간의 평정한 용기야말로 놀라운 것"이라고 했다. 평정한 용기란 소로의 도덕적 개혁사상에 기본이 되는 것이자 당대의 인간에 대해 그가 펼친 비판의 핵심이다. 그는 일벌처럼 노동만 하는 인간을 비판하고 침묵의 평정 속에서 살면서 영원을 추구해야 한다고 주장했다. 그는 이러한 삶을 자연의 법칙에 따르는 삶이라고 보았다.

따라서 그가 말한 개혁은 각자가 매일 아침 신선한 공기 속에서 새로운 출발을 하는 도덕적 개혁을 말하는 것이지 결코 사회적 개혁을 의미하는 것이 아니었다. "자연 가까이로 가는 것이야말로 인간의 행동 가운데 가장 자연스러운 행동이고, 지극히 조용하게 자연과 일치하는 행동이다."[63] "자연은 끝없이 창조적이고, 새로운 패턴을 계속 발명

---

63 《일기》, 1842년 3월 27일.

한다."[64] 이처럼 자연의 창조성을 높이 평가한 소로는 언제나 자연과 유쾌한 우정을 나누어야 한다고 생각했다. 그가 월든 호숫가에서 추구한 것도 바로 그런 우정이었다.

소로는 독서의 중요성을 강조했고, 특히 시를 '최고의 도덕성을 가진 것'으로 높이 평가했다.[65] 시인은 개혁자이자 절대적인 선을 추구하는 자이며 도덕적으로 선을 완성하는 자라고 그는 생각했다. 그가 찬양한 시는 화려하게 장식된 시가 아니라 단순하고 자연적인 시였다. 그는 사물의 핵심을 파헤치는 '건전한 스피치'가 바로 시라고 말했다.

이상이 소로가 주로 1837년부터 1842년까지 쓴 《일기》에서 전개한 그의 초기 사상이다. 이 시기에 그는 정치적인 견해를 거의 내보이지 않았다. 다만 1838년 4월에 시민강좌를 위해 쓴 '사회'라는 글에서 그는 사회는 인간을 위해 만들어진 것이라는 개인주의적인 견해와 대중에 대한 비관적인 견해를 피력했다. 사회는 건강하지 않으며 오직 자연만이 건강하다고 그는 생각했다. 그는 사회는 언제나 병들어 있으며 최고의 사회는 최대로 병든 사회라면서 사회에 대한 경멸을 숨기지 않았다.

소로가 1843년에 발표한 《워추세트 기행(A Walk to Wachusett)》[66]과 《지주(Landlord)》[67]도 자연의 아름다움에 대해 쓴 글이다. 특히 《워추세트 기행》에서 소로는 자기에게 신문을 전하는 숙사주인을 어리석

....

64 《일기》, 1842년 3월 15일.
65 《일기》, 1840년 6월 24일.
66 The Boston Miscellany, 1843년 1월호.
67 Democratic Review, 1843년 10월호.

다고 말하며 자연의 가치와 신문의 무가치함을 대비시켰다. 그해에 소로는 〈다이얼〉에 아이스킬로스의 《묶인 프로메테우스(Prometheus Bound)》를 번역해 실었다. 그는 프로메테우스를 시민저항의 원형으로 생각했다.

1843년 12월에 쓴 《부활해야 할 낙원(Paradise (to be) Regained)》[68] 에서 소로는 공동주택에서 살면서 생산활동의 공동화를 이루어 노동을 최소한으로만 하는 지상의 낙원을 건설하자는 푸리에주의자들을 비판하고 각 개인의 도덕적 개혁이 선결과제라고 주장했다. 그는 〈다이얼〉 1844년 4월호에 발표한 《자유의 호소》라는 글에서 노예제 폐지운동도 도덕적 개혁을 중심으로 해야 한다고 주장했다. 그것은 폭력적인 것은 물론 정치적인 것도, 비장한 언어나 대언장담의 형식도 거부한다는 뜻이었다.

소박한 삶

소로는 집짓기에 능했다. 그는 이미 대학시절에 강변에 오두막을 짓고 산 바 있다. 1843년에는 아버지와 함께 집을 지었다. 그 뒤에도 소로는 두 번이나 자기 땅을 사서 집을 지으려고 했으나 돈이 없어서 그렇게 하지 못했다.

1844년 10월에 에머슨이 월든 호수 부근의 벌채를 막고 그곳에 서재를 지으려고 땅을 샀다. 그런데 너무 바빴던 에머슨은 그곳에 서재

....
68 Democratic Review, 1843년 12월호.

를 짓기 어려웠다. 그는 소로에게 그 땅을 빌려줬다. 당시 27살이었던 소로는 임시교사 일과 글쓰기를 병행하고 있었다. 조용히 글을 쓸 만한 자기만의 장소도, 그런 장소를 구할 돈도 없었던 소로는 때마침 얻은 좋은 기회를 놓치지 않고 그곳에 오두막을 지었다. 그는 1845년 3월 말에 혼자서 월든 호수의 북쪽에 오두막을 짓기 시작했고, 독립기념일인 7월 4일에 그곳으로 들어갔다.

집짓기에 든 비용은 28달러 12센트였다.[69] 당시 하버드대학의 학생이 1년 동안 방을 빌리는 데 드는 비용보다 적은 돈이었다. 소로가 지은 집은 경춘가도 근처의 전원주택 같은 것도, 대청호반 주위의 별장 같은 것도 아니었다. 몇억 원짜리는커녕 몇천 원짜리도 안 되는, 아니 누구도 돈을 주고 사기는커녕 세를 얻지도 않을, 그야말로 어쩌다가 잠시 머물 수 있을 정도의 오두막에 지나지 않았다.

소로는 월든의 오두막에서 지내며 1년에 1달 정도만 일하면 자신이 꿈꾸는 '소박하고 고상한 삶'을 살 수 있을 것이라고 생각했다. 그는 이미 대학졸업 연설에서 한 주에 하루만 일하고 나머지 엿새는 쉬는 삶에 대해 이야기했을 때부터 그런 삶을 꿈꿨다. 그것은 곧 일년에 52일, 즉 7주 반만 일한다는 것인데, 그가 《월든》에 묘사해 놓은 것을 보면 실제로 그는 일년에 30~40일만 노동을 했고 일주일에 27센트로 생활했다.[70]

하루는 소로가 월든에서 사용할 노트를 사려고 상점에 갔다. 그

....
69 《월든》, p. 54.
70 《월든》, pp. 17~18, 25~27, 63.

런데 상점에서는 금전출납부 같은 것만 팔고 있었다. 이에 소로는 미국인은 공리주의적인 가치 외에는 모든 가치를 망각했고, 자연을 단순히 객체나 자원으로만 여겨 철저히 파괴하고 착취하고 있다고 생각했다. 그는 자원이 무한하다는 주장에 대해 그것은 신화에 불과하다고 비판한 최초의 미국인이었다. 이런 점에서 그는 생태학이 등장하기 이전에 이미 생태주의자였다(생태학(ecology)이라는 용어는 소로가 죽고 4년 뒤인 1866년에 처음으로 등장했다).

소로는 당시 사람들의 '고통스럽고 긴장된 삶'을 야비하고 인간관계를 파괴하는 사회적 불치병이라고 비판했다. 그는 손작업을 공장의 분업노동보다 존중했으나, 그렇다고 해서 땀을 흘리는 손작업을 고상한 것이라고 생각하지는 않았다. 그는 남부도 북부도 모든 사람이 감독자이자 노예인 사회라고 비판했다. 그는 흑인노예제를 비판했지만, 사실 그의 근본적인 관심은 모든 사람이 노예나 마찬가지라는 데 있었다.

소로는 사람들이 그러한 노예상태에서 벗어나려면 의식주 전반에 걸쳐 소박한 생활을 영위함으로써 자기 내면의 동물성을 죽이고 대신 신성을 갖춰야 한다고 주장했다. 그러기 위해서는 세속의 눈보다 엄숙한 도덕의 눈으로 신의 법칙을 응시하고 그 법칙에 순응하는 생활을 해야 하며 분업노동, 가공제품, 상품판매, 우편, 전신 등은 인간의 소박한 삶을 방해한다고 말했다. 그리고 이런 자신의 주장을 몸소 실험해 보이기 위해 자연으로 들어갔다. 자연 속에서 독서와 명상을 하며 단순하고 건강하고 선량한 삶을 사는 모습을 보여주려 한 것이다.

그런 그를 두고 마을사람들은 게으르다고 비난했지만 그는 개의치 않았다. 오히려 그는 모든 사람이 자기처럼 자신만의 길을 찾아야 한다고 주장했다.

월든 생활은 하나의 실험이었다

《월든》에 대해서는 3장에서 보다 상세히 살펴보겠지만 여기서 일단 그의 월든 생활이 하나의 모험 또는 실험이었다는 점을 강조해두고자 한다. 소로가 월든 호숫가에 오두막을 짓고 거기서 생활한 것은 인간의 삶에는 수많은 길이 있음을 몸소 보여주기 위한 행동이었다. 그런 소로의 행동에서 우리는 그의 모험정신과 실험정신을 읽을 수 있다.

그러므로 소로의 월든 생활이 소박한 시골생활이었다고 이해해서는 안 된다. 그는 월든 생활을 '일상의 정체성을 파괴할 수 있다'는 가능성을 보여주는 하나의 실험으로 여겼을 뿐 그 자체에 고유한 가치를 부여하지는 않았다. 그는 전원생활을 예찬하며 전원에서 평생을 산 '전원 보수주의자'가 아니라 정체된 일상생활을 파괴하고자 한 '혁명아'였다고 보는 것이 옳다. 소로는 생활에 무한한 여백이 있는 것을 좋아한다고 말했다. 이 말에는 가능성이라는 여백을 완전히 제거하고 현재라는 단일한 궤도에 고정된 일상의 정체성을 파괴하고자 한 그의 의지가 담겨 있다. 앞에서 말했듯이 소로는 이와 비슷한 뜻에서 콩코드 강을 거슬러 오르는 여행을 하기도 했다. 그러나 그때는 강이 소로를 이끄는 인도자의 역할을 했다면 월든 생활에서는 그 자신이 스스로 인도자가 되어 삶 자체를 실험했다.

소로는 우선 의식주를 어느 정도까지 단순화할 수 있는가를 실험했다. 그는 의복과 주거는 원래 인간의 내면에 전혀 필요하지 않았던 것인데 외적 요구에 따라 인간에게 주어졌으며, 인간이 어느새 그 노예가 돼버렸다고 생각했다. 예를 들어 옷은 이제 일상생활에서 인간의 사회적 지위를 보증하는 도구이자 인간을 평가하는 기준이 됐다. 그러나 그 기준은 '인간의 내면적 덕성'이 아니라 '옷의 가격'과 직결된다는 점에서 인간은 이미 옷의 노예가 됐다는 것이다.[71] 인간은 외부적 물건이나 관념에 자신을 맞추는 정신적 노예상태에서 벗어나 자신을 절대적인 척도로 삼고 "자신의 내부에 서서(stand inside yourself)"[72] 자신에게 꼭 맞는 옷을 입어야 한다고 소로는 생각했다. 그리고 그것을 나무의 껍질에 비유했다.[73]

소로가 외래적인 전통을 모두 거부하고 토착의 자연과 동식물을 문학적 저작의 주제로 삼은 것도 바로 그러한 태도에서 비롯됐다. 스스로를 전통적 관념에 매몰시키는 것은 자신의 내부세계를 일상적인 통념에 맞춰 일률화시키는 것으로 자신의 개성은 물론 삶을 포기하는 행위라고 그는 생각했다. 그는 대학 2학년 때 쓴 에세이에서 "대부분의 인간은 세상의 통념과 일치하는 것이면 그게 무엇이든 쉽게 따른다"고 비판했다.[74] 이처럼 소로는 자신의 내면을 전통적인 관념에 결

....
71 《일기》, 1857년 8월 10일.
72 《일기》, 1840년 6월 27일.
73 《편지》, p. 319.
74 Paul Sherman, 위의 책, p. 28.

부시키는 안이함을 평생 거부했다.

소로는 원래 배가 고프면 열매를 따 먹는 식이었던 인간의 식생활이 농부의 경우에는 자신의 공복을 채우는 것과는 무관한 농업이라는 직업으로 변질됐다고 생각했다. 그래서 이제는 농부가 자신의 노동에 대한 주체적인 선택권을 상실했고, 자신의 필요와는 무관한 농작물이라는 물건을 생산해 돈으로 바꾸는 일을 하게 됐다는 것이다. 이와 관련해 소로는 다음과 같이 말했다.

"물건의 가치를 평가하는 공통의 척도는 그 물건과 교환되는 금액이다. 물건이 가치를 갖는 것은 (⋯) 그 물건이 일정한 금액으로 교환될 때, 즉 그 물건이 그 자체임을 중단하고 그 밖의 다른 것으로 바뀔 때다."[75]

이처럼 물건이 인간의 개성을 말살하고 추상화하는 경향은 물건을 제작하는 인간의 타락을 초래하고, 그렇게 타락한 인간은 '부분적으로만 사는' 존재가 된다.[76] 이러한 인간의 모습에 대항해 소로는 인간은 태어나면서부터 다양한 능력을 갖고 있다고 믿고 그 능력을 완전하게 발휘하고자 하는 인간의 모습을 새로운 인간상으로 제시하면서 가장 단순하게 사는 삶의 방식을 주장했다.[77] 그런 삶이 바로《월든》에 묘사된 소로의 삶이었다.

....
75《일기》, 1860년 11월 29일.
76《일기》, 1851년 6월 13일.
77《일기》, 1851년 2월 14일.

1492년에 콜럼버스가 아메리카대륙에 첫발을 내디딘 뒤로 그 신세계는 낙원으로 세상에 알려졌다. 그 낙원을 차지하고자 하는 서구인의 욕망은 식민지 건설로 이어졌고, 결국은 신세계의 낙원이 소멸되는 결과를 초래했다.[78] 1960년대에 시작된 미국의 자연문학은 아메리카대륙의 원주민인 인디언의 문화가 지니고 있던 생태성을 재발견하고 자연과 공생하는 방식의 새로운 삶을 추구하고자 하며, 그 뿌리를 소로에 두고 있다.

이러한 미국 자연문학의 흐름은 그동안 너무나 당연시돼온 '문화와 자연'이라는 이분법적 사고방식에 의문을 제기하는 것이다. 동물과 인간, 정신과 육체, 남성과 여성, 문명과 미개를 각각 분리하는 이원론이나 '신, 천사, 인간, 동물, 식물'이라는 기독교적 구분이 실제와 맞지 않다는 것이다. 자연문학의 관점에서 보면 동식물을 비롯한 자연과 인간은 직접 연관되며, 이런 연관성에 대한 인식은 인디언의 사고방식과 일치하는 것이다. 이런 논의는 멀게는 아리스토텔레스까지 거슬러 올라갈 수도 있지만 그것이 자연문학이라는 하나의 장르를 성립시킨 계기는 1854년에 소로의 《월든》이 나온 것이었다고 볼 수 있다.

....

78 이에 대해서는 다음 책들을 참고하라. Leo Marx, The Machine in the Garden: Technology and the Pastoral Ideal in America(1964); Henry N. Smith, Virgin Land: The American West in Symbol and Myth(1950); Richard Slotkin, Regeneration through Violence: The Mythology of the American Frontier(1973); Charles Sanford, The Quest for Paradise: Europe and the American Moral Imagination(1961); Annette Kolodny, The Lay of the Land: Metaphor as Experience and History in American Life and Letters(1975).

《월든》에서 소로는 동식물을 이웃으로 삼아 윤리적인 배려를 해야 한다고 주장했다. 이렇게 인간과 자연을 하나의 공동체로 보는 소로의 자연관은 기존의 사회질서와 대립하는 것이었다. 그것은 주류문화에 대한 대항이라는 성격을 가진 것이었고, 당연히 아나키한 것이 될 수밖에 없는 것이었다. 소로가 1864년에 쓴 《산책》은 자연의 야성을 '절대적 자유'로 찬양하는 글이자 인간과 자연의 공동체를 처음으로 순례한 기록이라는 평가를 받고 있다. 《산책》에서 소로는 아름다운 정원이 아닌 황야의 습지에 살고 싶다고 말했다. 오늘날 대단히 중요하게 인식되고 있는 습지의 환경적 가치를 그는 이미 간파했던 것이다. 습지는 남부의 시인인 에드거 앨런 포의 시[79]에서는 공포의 장소로 묘사됐지만 북부의 노예해방론자인 소로에게는 도망친 노예가 생명을 부지하기 위해 몸을 숨기는 장소로 인식됐던 것이다.

소로가 황야를 새로운 공동체의 성지로 여긴 배경에는 자본주의 미국사회에 대한 절망이 깔려 있었다. 그래서인지 그는 《산책》에서 "나에게 희망과 미래는 경작지나 밭이 아니라 사람이 가지 않는 습지다"라고 말하며, 《일주일》에도 같은 문장이 나온다. 소로에게 야생의 습지는 문명의 도시나 마을과 대립되는 곳으로 생태학적 발상과 사회적 구제의 장소가 되는 것이었다. 소로는 특히 1850년에 도망노예법이 의회를 통과한 직후의 미국사회를 비판하면서 야생의 습지를 성역으로 삼았다. 소로의 자연탐구는 노예제를 중심으로 기존 체제를 격렬하

----

79 Dreamland(1844).
80 Carolyn Merchant, Ecological Revolutions, Nature, Gender, and Science in New England(The University of North Carolina Press, 1989), pp. 162~163.

게 비판하는 것과 동시에 진행됐다. 실제로 미국의 법률과 자연법의 괴리는 도망노예법으로 그 절정을 이루었다.

미국의 자연파괴는 매우 급격하게 진행됐다. 가령 소로가 살았던 곳인 콩코드의 숲은 1850년에 이르면 보스턴과 같은 대도시를 위한 땔 감 공급지의 역할을 하게 될 뿐만 아니라 주택지, 농지, 목초지 등으로 개간되어 콩코드 전체에서 숲이 차지하는 비율이 28퍼센트에서 11퍼 센트로 떨어졌다.[80] 소로가 살았던 시기는 자연과 문명의 화해가 도저 히 불가능해 보일 정도로 문명이 자연과 극단적인 모순을 빚어내고 있 었다. 이런 점에서 볼 때《월든》은 죽어가는 숲에 대한 소로의 엘레지 였다. 그는 월든의 숲에 대한 엘레지에 이어 메인의 숲과 케이프코드 에 대한 엘레지도 썼다.

3장 소로의 자연

월든 호수와 《월든》

소로에게 자연은 그야말로 자연스러운 것이었다. 그가 태어나서 자라고 죽을 때까지 살았던 콩코드는 강과 숲에 싸인 자연 그 자체였고, 특히 월든 호숫가는 그가 어린 시절에 자주 찾아갔던 곳이었다. 그래서 《월든》에는 월든 호수와 얽힌 그의 모든 추억이 담겨 있다.

소로는 《월든》을 10년에 걸쳐 일곱 번이나 고쳐 썼다.[81] 그 과정에서 소로에게 영향을 준 사건과 몇 가지 그의 활동을 들어본다.

첫 번째 원고(1846~1847년): 납세 거부로 하루 콩코드의 감옥에

....

81 7회의 초고에 대해서는 Lyndon Shanley, The Making of Walden(1957)과 Ronald E. Clapper, 'The Development of Walden: A Genetic Text', Ph.D. Diss., UCLA(1967)를 보라. 《월든》의 각 부분이 완성된 과정에 대해서는 Philip Van D. Stern, The Annotated Walden(Clarkson N. Potter, 1970)을 보라. 내용이 추가된 과정에 대해서는 Steven Adams and Donald Ross Jr., Revising Mythologies: The Composition of Thoreau's Major Works(The University Press of Virginia, 1988)을 보라.

수감됨(1846년 7월), 월든 호숫가에서 생활함(1845~1847년)

두 번째 원고(1848년): 에머슨의 집에서 거주함(1847~1849년)

세 번째 원고(1849년): 《시민정부에 대한 저항》 발표(1849년)

네 번째 원고(1851~1852년): 도망노예법 의회통과(1850년 9월), 도망노예 토머스 심스가 체포됨(1851년 4월), 도망노예 헨리 윌리엄스가 경찰에 의해 피살됨(1851년 11월)

다섯 번째 원고(1852~1853년): 헤리엇 스토의 《엉클 톰스 캐빈》 출판됨(1852년)

여섯 번째 원고(1853~1854년): 에머슨과 관계가 악화됨(1853년)

일곱 번째 원고(1854년): 도망노예 앤서니 번스가 체포됨(1854년 6월), '매사추세츠의 노예제'에 대해 강연함(1854년 7월)

여덟 번째 원고(1854년): 《월든》 최종본 발간(1854년)

《월든》은 《일주일》보다는 많이 팔렸지만 5년 동안 2천 부 팔리는 데 지나지 않았고,[82] 1859년 말에는 절판됐다.[83] 《월든》은 다음과 같이 18개 장으로 나누어져 있다.

1장 생계

2장 내가 사는 곳, 그리고 사는 목적

3장 독서

82 Walter Harding, The Days of Henry Thoreau(Alfred A. Knopf, 1965), p. 340.
83 Michael Meyer, Introduction to the AMS edition.

1장 '생계'는 그 분량이 전체의 4분의 1을 차지하는 총론이며, 나머지 17개 장은 그 각론이라고 말할 수 있다. 원저의 1장 제목 'Economy'는 그동안 흔히 '경제'로 번역돼 왔으나 그렇게 번역하면 나라의 경제로 오해될 수 있으니 여기서는 '생계'라고 번역한다. 그러나 이것은 '문명'이라고도 옮길 수 있다. 이 1장에서 소로가 문명의 진보로 인해 물질에 사로잡혀 살아야 하는 사람들이 어떻게 각성하고 변화해야 하는지를 말하고 있기 때문이다.

　　2장부터의 각론은 그러한 각성과 변화를 위한 여러 제안을 여름부터 다음해 봄까지의 일년 사계절에 걸쳐 구체적으로 보여준다. 소로는 월든 생활을 실제로 여름에 시작했으나 《월든》의 내용처럼 그 다음해 봄에 끝낸 것이 아니라 2년 뒤의 가을에 끝냈다. 소로는 2년여의 월든 생활을 《월든》에서는 1년으로 줄여 서술했다. 어쨌든 《월든》에서 소로는 자연과 조화를 이루면서 살고, 자기완성을 목표로 삼으며, 높은 뜻을 가진 인간으로 변할 것을 추구한다. 그에게 숲 속에서 생활한다는 것은 자연 속에서 간소한 생활을 실천하면서 동시에 높은 뜻을 유지하는 것을 의미한다. 마지막 장인 18장 '끝'에는 숲을 떠나는 이유가 담겨있다.

자연 탐구와 현실비판

《월든》은 소로가 월든 호숫가로 이사한 여름에 자연의 소리를 들으며 농사를 짓는 장면으로 시작한다. 9장 '호수'에서 계절은 가을로 변하고, 그 뒤에 이어지는 여러 장에서 소로가 인간의 어리석음, 동물성과 정신성, 동물의 순수함에 대해 묘사하면서 계절은 겨울로, 다시 봄으로 바뀐다. 《월든》은 이러한 구성으로 시간의 영속성과 자연의 불멸성, 그리고 자연적으로 사는 인간의 불멸성을 표현했고, 이런 점에서 이 책은 흔히 '죽음과 재생의 신화'라고 불리기도 한다.

　　《월든》은 인간이 자연의 1년 주기를 거치며 정신적으로 재생하는 변신의 이야기이자 인생에 대한 그러한 해석이라고 말할 수 있다. 소로는 '신의 물방울'인 월든 호수를 바라보며 자기 마음의 깊이를 측정하며, 특히 17장 '봄'에서 변화와 변신의 이미지를 인간의 재생과 오버랩시킨다. 이런 점은《월든》이 초월주의 작품임을 보여준다.

초월주의는 인간을 사유의 주된 대상으로 삼는 것이므로 환경이나 생태와는 그리 어울리지 않는다고 생각하는 이가 있을지 모른다. 그러나 초월주의의 궁극적인 목적이 인간성의 완성에 있고 자연과 조화를 이루는 삶의 방식이 인간성을 완성하는 한 가지 길이라고 본다면 초월주의는 환경이나 생태라는 주제와 잘 어울린다. 소로는 자연을 종합적으로 이해하기 위해서는 과학뿐만 아니라 시와 윤리도 알아야 한다고 생각하면서 평생 초월주의를 버리지 않았다. 이처럼 소로는 과학과 예술을 동시에 탐구하면서 가장 이상적인 자연주의를 지향했다.

미국, 일본, 한국에는 소로를 현대의 생태사상 가운데 이른바 심층생태학(Deep ecology)의 선구자로 보는 견해가 있다. 심층생태학이란 인간뿐 아니라 자연도 생존하고 번성해야 할 가치를 본래부터 지니고 있다고 규정하고, 환경위기는 인간이 인간중심적 세계관으로 자연을 지배해온 데서 기인한다고 보는 이론이다. 그런데 나는 사회변혁적 요소보다 신비주의적 요소가 짙은 심층생태학이 소로와 통한다는 견해가 반드시 정확하지는 않다고 본다. 특히 소로를 인간중심주의에 대항해 자연중심주의를 주장한 인물로 이해하는 것은 문제가 있다. 예를 들어 7장 '콩밭'의 내용을 단지 자연에 대한 겸손, 애정, 존경의 표현으로만 보는 견해는 정확한 것이 아니다. 오늘날 미국에서 자연주문학비평이 유행하고 있지만, 자연과 인간을 이분법적으로 바라보는 관점에서 소로의 사상을 인간중심주의가 아닌 자연중심주의로 보는 견해에 나는 찬성할 수 없다.

사실 《월든》에서 더 중요한 것은 소로의 현실비판이다. 소로는 이 책의 3분의 1을 인간사회를 비판하는 데 할애했다. 특히 1장 '생계'에서 소로는 고도의 물질문명을 철저히 비판했다. 그는 우리의 일상생활에 불가결한 의식주조차 문명의 허영과 망상에 뒤덮이면서 그 본래의 목적에서 멀어졌고 문학, 예술, 교육, 종교, 심지어는 자선행위까지도 온갖 장식과 허식을 중시하면서 타락해버렸다고 비판했다.

또한 그는 농업, 공업, 상업은 절도를 잃으면서 탐욕에 빠졌고, 그러한 것들과 결합된 근대 과학기술이 인간의 삶을 개선시켰다고들 하지만 그것은 단지 편리함의 환상만을 불러일으키고 있다고 보았다. 소로는 《월든》에서 바로 그러한 환상을 폭로하고 그것과 반대되는 '실재하는 것'을 탐구했다.

소로는 그 실재하는 것이 인간의 손이 미치지 않는 허공이나 추상적인 사고 속에 있는 것이 아니고 우리가 살고 있는 삶 속에 있다고 보았다. 그리고 혹사당하는 노동이 아닌 즐거운 노동, 간소하고 독립적인 생활, 생생한 자연과의 접촉이 환상에서 벗어나 '견고한 바위와 같이 실재하는 것'에 도달하는 최선의 방도라고 보았다. 또한 노동으로 자신의 생계를 세우되 노동의 노예가 되기보다 '고상한 법칙'에 봉사하는 노동을 하고, 어떠한 사실에도 눈을 감지 않고 정면을 직시하고, 자연과 더불어 살면서 그 법칙을 탐구해 자연의 섭리에 맞게 자유롭게 살기를 소로는 추구했다.

소로는 콩코드의 자연과 환경에 큰 관심을 가졌다. 소로가 살던 시대는 삼림파괴가 가장 극심한 때였다. 인간에 의한 자연파괴는 19세기 중엽부터 심해졌다. 《월든》의 9장 '호수'에도 월든 호숫가의 급격한 변화가 현실감 있게 그려져 있으나, 당시 자연파괴의 실상을 가장 잘 묘사한 소로의 글은 《일기》에 나오는 다음 구절일 것이다.

"소나무가 차지하고 있는 공간은 지금부터 2세기 동안 비어있게 될 것이다. 소나무는 재목이 될 것이고, 나무를 베고 나면 그 공간은 더럽혀질 것이다. 봄이 되어 다시 강변을 찾은 물수리가 머물던 곳을 찾으려고 하늘을 아무리 맴돌아도 그곳을 찾지 못하게 될 것이다."[84]

이처럼 문명의 진보는 풍경을 근본적으로 변화시킨다. 식물도 동물도 사라지고 풍경이 바뀌면서 시인들이 노래하던 자연이 없어진다. 소로는 과거로 눈길을 돌린다. 소로는 자연파괴의 원인이 자연에 대한 증오와 적의에서 기인한 인간의 자연극복 행위, 즉 문명에 있음을 정확하게 이해했다. "토지에 정주하여 개척을 하는 종족인 인간은 숲의 나무를 점점 더 많이 잘라내다가 결국은 숲의 모든 나무를 다 잘라내야 할 것이다. 그것도 철저하게, 그리고 열심히."[85]

....
84 《일기》, 1851년 12월 30일.
85 《일기》, 1952년 2월 2일.

"현재의 삶은 어쩔 수 없는 것인가?"

《월든》의 1장 '생계'에서 소로는 자신이 모든 이웃으로부터 1마일 이상 떨어진 월든 호숫가의 숲 속에서 혼자 살았는데 마을사람들이 궁금하게 여겨 이 책을 쓰게 됐다고 말한다.[86] 실제로 소로는 마을회관에서 강연하듯이 《월든》을 썼고, 그 내용은 마을신문 같은 데 실려 마을사람들이 돌려 읽었다. 이처럼 마을사람들과의 토론이나 대화, 그들을 대상으로 한 강연의 과정을 거쳐 탄생했다는 점에서 《월든》은 특이한 민주주의적 가치를 갖는다. 그리고 바로 이런 이유에서 오늘날 이 작품이 전 세계인의 공감을 얻고 있는 것이다. 그는 이 책을 쓴 것은 이웃 주민들을 위해서였음을 다음과 같이 분명히 밝히고 있다.

> "나는 중국인이나 샌드위치 제도[87]의 주민이 아니라 이 책의 독자이자 뉴잉글랜드에 살고 있는 여러분에게 말하고 싶다. 즉 여러분의 현재상황, 특히 이 세계가, 이 마을이 처해있는 외적 상황이나 현실, 그리고 지금 그 상황이 어려운 것은 어쩔 수 없는 것인가, 조금도 개선할 수 없는 것인가에 대해 말하려는 것이다."[88]

여기서 '현재상황'이란 당시 콩코드의 상점, 회사, 밭에서 사람들이 엄청난 '고행'을 하고 있었던 상황을 가리킨다. 그는 특히 청년이

....
86 《월든》, p. 3.
87 하와이의 옛 이름.
88 《월든》, p. 4.

농지, 주택, 창고, 가축, 농기구 등을 상속받는 것을 두고 '불행'이라고 했다. 그런 것들은 받기는 쉽지만 버리기는 어렵다는 이유에서였다.[89] 당시 청년이라면 누구나 그러한 상속을 '불행'이라기보다는 '행운'이라고 생각했을 것이 틀림없다. 이런 점에서 《월든》은 분명히 당시의 상식과는 전혀 맞지 않는 책이었다. 뿐만 아니라 노동의 노예가 되어 기계나 다름없는 삶을 사는 오늘날 우리의 상식에도 맞지 않는다. 소로는 다음과 같이 말했다.

"사실 노동자는 언제나 여유가 없어 완전한 삶을 살 수가 없고, 충분한 인간관계를 맺을 수도 없으며, 자기의 노동을 시장에 팔면 그 가치가 하락한다. 그에게는 기계가 아닌 다른 무엇이 될 수 있는 시간도 없다."[90]

소로는 당시의 노동을 노예의 노동에 비교했다. 그는 흑인노예의 예속노동도 나쁜 것이지만 최악의 노동은 자기 자신을 노예로 삼아 혹사시키는 형태의 노동이라고 지적하고, 그런 노동을 하는 사람들에게는 어떠한 신성함도 없으며 사람들은 대부분 그런 노동을 하며 절망 속에서 살아가고 있다면서 다음과 같이 말한다.

"사람들은 선택의 여지가 없다고 생각하고 있다. 그러나 명쾌하

89 《월든》, p. 5.
90 《월든》, p. 6.

고 건강한 본성이라면 태양이 찬란하게 솟는 것을 기억한다. 편견을 버리는 것은 아무리 늦어도 좋은 일이다. 아무리 오래된 사고방식이나 행위방식이라도 그것을 증거도 없이 믿을 수는 없다. (…) 옛사람들이 우리에게는 무리라고 말한 것도 실제로 해보면 우리가 할 수 있음을 알 수 있다. 과거의 행위는 과거의 사람에게, 새로운 행위는 새로운 사람에게 맞다."[91]

'찬란하게 솟는 태양'은 세계가 건강했던 시절을 상징하는 표현이다. 《월든》에서 그 '태양'은 '아침'과 함께 가장 중요한 가치를 상징하며 편견, 전통, 관습과 대립한다. 이 대목에서 소로는 노인을 공격한다. 노인은 청년을 가르치거나 청년에게 충고를 할 자격도 없다는 것이다. 한국에서는 물론이고 미국에서도 19세기에 이런 주장을 하기란 쉽지 않았다. 그러나 소로는 자기가 30년 남짓 사는 동안 가치 있는 조언을 하는 노인을 본 적이 없다고 분명히 말한다.[92] 또한 소로는 자기의 이웃에 대해서도 비판한다. 그들이 좋다고 하는 것이 자기에게는 나쁘다는 것이다.[93] 그러면서 소로는 우리는 우리 자신을 좀 더 믿어야 한다고 주장하면서 아는 것과 모르는 것이 무엇인지를 분명히 아는 것이 중요하다는 공자의 말을 인용한다.[94]

이어 소로는 최소한의 필수품만으로 간소한 생활을 해야 한다고

....

91 《월든》, p. 9.
92 《월든》, p. 10.
93 《월든》, p. 11.
94 《월든》, p. 12.

역설하고,[95] 자신이 월든 숲 속에서 실험해본 간소한 생활은 성공했다고 자평한다. 자신은 농작물 판매와 일용노동으로 생활에 드는 비용을 모두 충당했고 간소한 생활로 얻은 여가, 독립, 건강은 고스란히 이익이었다고 자랑한다. 그러나 실제로는 월든 생활로 인해 그는 영양실조에 걸렸고, 가족의 도움이 없었다면 얼마 뒤에 죽었을지도 모른다. 그리고 결국은 그때 무리한 탓에 결핵이 악화돼 소로는 45세의 나이로 죽었다고 볼 수도 있다.

간소한 생활

《월든》은 간소한 생활을 찬양한 책이자 그 실천을 기록한 책이다. 이 책에서 소로가 의식주에 대해 보인 태도는 당시와 오늘날의 상업주의적 유행에 철저히 반하는 것이다. 그는 최소한의 옷, 하루 한 끼의 소박한 식사, 최소한의 집을 생각했다.

그는 일시적인 유행이 아니라 태양, 바람, 비, 체형이 모자나 옷의 모양을 결정해야 한다고 말했다. 의복은 기후나 계절의 영향에 의해서만 변해야 하며 유행을 타서는 안 된다는 것이었다. 《월든》에서 그는 옷의 목적은 '생명의 열을 유지하는 것' 이외의 다른 것이 아니라고 말했다. 이런 그의 태도는 유행이라는 19세기 미국 자본주의의 한 현상에 대치되는 것이었다.

식사에 대해서도 그는 습관이 아니라 생리적 요구에 따라 음식을

---

95 《월든》, pp. 18~44.

섭취해야 하며, 식사를 준비하는 데 드는 시간과 비용을 줄여서 다른 고귀한 생활을 더 많이 해야 한다고 생각했다. 그래서 그는 커피, 차, 술, 담배, 아편과 같은 기호품은 마다하고 맑은 물만 마셨다. 그가 말한 고귀한 생활은 종교적인 생활을 뜻하는 것이었다. 그는 연극도 사치라고 생각했다.

소로는 육식에 반대했다. 값이 비싸고 야만적이며 감각에 나쁜 영향을 끼친다는 이유에서였다. 육식을 하려면 값이 비싸니 많은 돈을 지불해야 하고, 그 많은 돈을 모으기 위해 중노동을 해야 하고, 그 중노동을 하고 나면 다시 고기를 많이 먹어야 하고, 그 고기는 또다시 중노동을 하게 하므로 육식은 악순환을 낳는다고 소로는 주장했다. 따라서 그는 심신 모두 자유인으로 태어난 인간을 노예로 만드는 육식을 즉각 중단해야 한다고 말했다. 하지만 그 자신은 소량의 육식을 계속했다.

소로는 인간의 존재가치를 '현대문명(물질문명, 과학, 기계문명)의 향상에 얼마나 공헌했는가'라는 관점에서 보지 않았다. 이보다는 '자신의 내적 향상(청순한 감각과 사상적인 유동성을 유지하고 언제나 신선하고 자유로우며 감동적인 삶을 살면서 자신의 내면을 시시각각 상승시키는 것)'이 인간의 존재가치로 직결된다고 보았다. 그는 인간의 생활을 판단하는 기준은 시간적, 공간적, 생리적, 정신적 자유의 양이어야 한다는 신념을 갖고 있었다. 그래서 그는 '살기 위한 식사'가 '일하기 위한 식사'로 변질되고 종국에는 '먹기 위해 일하기'로 바뀌면서 인간이 식생활의 노예가 된 점을 비판했다.

《월든》의 1장 '생계'에서 소로는 많은 사람들이 손님을 초대했을 때 요리에 얼마나 많은 돈을 들였는가를 자랑하지만 자신은 얼마나 돈을 적게 들였는가를 자랑한다고 말했다. 그가 초대되어 간 집에서 어떤 요리를 원하느냐는 질문을 받았을 때 "가장 가까이에 있는 것"이라고 대답했다는 에피소드는 그의 단순하고 소박한 식생활을 단적으로 보여준다.

집에 대한 생각도 옷이나 음식에 대한 생각과 마찬가지였다. 그는 먼저 비, 바람, 이슬을 피하기 위해 반드시 필요한 것이 얼마나 적은지를 알아야 한다고 했다. 그가 월든 호숫가에 오두막을 짓는 데 든 비용은 29달러도 안 됐다. 그는 새가 없는 집이란 간이 안 된 고기와 같다면서 자연 속 주택의 시적인 분위기를 강조했다.

소로는 《일기》에서 자신이 찬양하는 생활을 실천하는 아벨 미노트라는 이름의 농부에 대해 자주 묘사했다. 미노트는 생활필수품을 대부분 자급자족하고 그 과정에서 무한한 만족을 느끼는 사람이었다. 그는 자급자족을 위한 노동이 가져다주는 만족감을 보수라고 생각하고 금전상의 이익에는 전혀 관심을 두지 않았으므로 농작물을 상품으로 내다팔지 않았다. 그는 약간의 땅만 소유한 채 다른 사람의 손은 전혀 빌리지 않고 그 땅에 먹을 것을 기르며 사는 삶을 즐겼다. 그는 일의 즐거움을 유지하기 위해 작물도 조금만 재배했다. 그는 식품, 의복, 가구 등의 사치품에 대한 집착이 전혀 없으므로 대단히 간소한 생활을 했다. 소로는 자기가 만년에 구빈원에 들어갈지도 모르지만 그렇게 된다 해도 그 이유는 자기가 가난하기 때문이 아니라 부를 바라지 않았기 때문일 것이라고 썼다.

여기서 우리는 소로가 인간과 자연의 조화와 일 자체의 즐거움을 추구했음을 알 수 있다. 즉 그는 사회적, 문화적, 인습적 가치기준에서 완전히 벗어난 '멋대로'의 생활을 추구했던 것이다. 그가 일을 하는 동기는 결코 이익추구에 있지 않았다. 그에게는 일이라는 것이 결코 의무적으로 혹은 강제로 해야 하는 것이 아니었다. 따라서 일하는 행위는 반드시 필요한 것을 생산하는 활동이자 그 자체가 목적, 즐거움, 스포츠였다. 또한 소로는 욕심이 없는 무욕의 상태를 추구했다. 《월든》에서 그는 "나의 가장 큰 특기는 작은 것에 만족하는 것"[96]이라고 했다. 나아가 그는 자연계의 순환에 맞춰 생활하면서 야만적이지 않고 인간적인 가치를 지키려고 했다.

소로가 묘사한 또 다른 사람으로 빌 휠러라는 이름의 농부가 있다. 휠러는 지극히 제한된 교제만 하고 타인을 위해서는 일하지 않았으며, 생활을 단순화하고 자연으로 돌아가려고 한 탓에 극빈생활을 했다. 사회는 그와 같은 사람을 가리켜 실패자 또는 낙오자라고 불렀다. 하지만 소로는 그런 사람을 '존경해야 할 시대의 선구자'라고 평가했다. 소로는 그런 사람의 단순한 생활을 '철인의 생활'이라고 부르고 그것을 다음과 같이 야만인의 생활과 대비시켰다.

"단순함에는 두 종류가 있다. 하나는 어리석음과 통하는 단순함
이고 다른 하나는 현명함과 통하는 단순함이다. 철학자의 생활양

---

96 《월든》, p. 77.

식은 외면적으로는 단순하나 내면적으로는 결코 단순하지 않다. 그러나 야만인의 생활양식은 외면적으로도 내면적으로도 단순하다. 단순한 인물은 여러 가지 기계적인 노동은 할 수 있지만 깊이 있는 사상적인 일은 할 수 없다. 그들의 시야가 제한된 것은 생활양식에 대해서 그런 것이 아니라 생활의 목적에 대해서 그렇다. 생활의 목적에 대해 제한된 시야밖에 갖지 못한 자는 가장 복잡하고 세련된 생활양식에 의해서도 구제될 수 없을 것이다."[97]

소로는 여가를 무위로 보내는 야만인이나 현재 누리고 있는 수준 이상의 여가에는 당혹해 하는 사람에게는 간소한 생활이 적합하지 않다고 지적했다. 왜냐하면 그런 사람에게는 간소한 생활이 사치스러운 생활 이상으로 나쁜 영향을 미치기 때문이라는 것이다. 반면에 고차원의 내면적 삶을 사는 철인에게는 간소한 생활이 적합하다고 소로는 말했다.

소로는 도덕적인 생활을 하기 어렵게 만드는 사회, 인간에게 봉사하기보다 인간을 노예화하는 사회를 비난했다. 당시 미국에서는 이민자가 늘어나고 산업화와 도시화가 놀라우리만치 빠르게 진행되면서 인간의 비인간화가 두드러졌다. 상업주의와 편의주의가 지배하게 됐고, 사람들은 개성을 상실하면서 성장을 방해받았다. 그래서 소로는 자연 위에 새로운 미국을 세우고자 했다.

....
97《일기》, 1853년 9월 1일.

"아침에는 아침 같은 고전을…"

소로는 미국의 독립기념일인 7월 4일에 월든으로 들어갔다. 이는 그의 월든행이 사회로부터의 도피가 아님을 보여준다. 그는 의도적으로 독립기념일에 자신의 반문명적 생활을 시작했다. 이는 자신의 삶과 미국을 근본적으로 개혁하겠다는 의도에 따른 것이었다. 이런 점에서 볼 때 소로는 은둔과는 전혀 무관한 능동적 사회운동가였다. 이런 맥락에서 가장 중요하게 부각되는 상징은 아침이다.

> "모든 아침은 내게 생활을 자연 그 자체처럼 단순하고 순수하게 만들라고 권유했다. 나는 그리스인처럼 여명의 여신을 열심히 숭배해왔다. 나는 일찍 일어나 호수에서 목욕을 했다. 그것은 종교적 행위이자 내가 한 일 중에서 최고였다. 탕왕의 욕조에는 다음과 같은 뜻의 글자가 새겨져 있었다고 한다. '너 자신을 언제나 완전히 새롭게 하라. 그렇게 하기를 되풀이하고, 되풀이하고, 언제까지나 되풀이하라.' 나는 이 말을 이해할 수 있다. 아침은 나를 영웅의 시대로 데리고 간다."[98]

소로는 자신이 애독한 《베다》에 나오는 구절처럼 "모든 지성은 아침과 함께 눈뜨고" 모든 예술과 시도, 가장 가치 있는 인간의 행동도 아침에 이루어진다고 했다. 이어 자신이 숲으로 들어간 것은 진지하게

....
98 《월든》, p. 98.

134

살기 위해서라고 말한다.

"그것은 삶의 본질적인 사실만을 대면하기 위해서였고, 삶이 가르쳐주는 것을 배울 수 있는지를 알기 위해서였다. 게다가 내가 죽게 됐을 때 삶다운 삶을 살지 못했음을 알게 되는 것이 싫었다. 나는 삶이 아닌 것을 살기 싫었다. 삶이란 그만큼 소중한 것이다. 게다가 포기하는 것이 정말로 필요한 게 아니라면 포기하고 싶지도 않았다. 나는 진지하게 살고, 삶의 정수를 다 흡수하고, 스파르타인처럼 강건하게 살면서 삶이 아닌 것은 모두 쫓아버리고 싶었다."[99]

그는 아침에는 반드시 아침처럼 세련되고 아름다우며 충실한 고전을 가능한 한 원어로 읽고 거기에 숨어 있는 세계의 풍요로움으로 자신을 계발해야 한다고 말했다. 그러면서 자신은 오두막 짓는 일과 콩 농사 때문에 《일리아드》를 제대로 읽지 못했는데 그것을 빨리 읽고 싶어 일을 서둘렀다고 덧붙였다. 이것이 《월든》의 3장 '독서'의 줄거리다.

그러나 그에게는 독서에 몰두하는 것만 중요한 게 아니었다. 모든 사물과 사건이 말해주는 것을 놓치지 않고 언제나 눈에 보이는 것에서 자신의 운명을 읽어내며 미래를 향해 나아가는 것도 중요했다. 그래서 그는 한 마리 벌레가 내는 작은 소리도 《호메로스 찬가》인 것

---

99 《월든》, p. 99.

처럼 들으려고 노력했다. 《월든》의 4장 '소리'에는 이런 노력에 관한 이야기가 실려 있다.

월든 호숫가에서 처음으로 맞은 여름에 그는 책도 읽지 않고 콩밭 매기에 열중했고, 여가가 생기면 아무 일도 하지 않고 오직 고독과 침묵 속에서 자연에 귀를 기울이고 자연을 관찰했다. 그러면서 그는 비로소 자신이 성장하고 있다는 느낌을 가질 수 있었다. 물론 마을사람들은 그렇게 사는 그를 가리켜 '게으른 놈'이라고 욕했다. 그러나 그는 일벌처럼 일만 하는 것보다는 게으름이 유익하다고 생각했다.

오두막에서 남쪽으로 약 오백 미터 떨어진 곳에 철도가 있었고, 그 철로로 기차가 오가는 소리가 마을사람들의 생활을 규제하는 신호였다. 그러나 소로는 그 신호를 무시하고 오로지 숲에서 들려오는 여러 동물의 소리에 귀를 기울였다. 인적이 없는 자연 속에서 그는 철저한 고독과 자유를 맛보았고, 자연이 들려주는 여러 가지 소리에 우정을 느꼈다. 그래서 해가 저물어도 그는 결코 외롭다고 느끼지 않았다.

물론 그도 아주 가끔은 사람들 가까이에서 살고 싶다는 생각을 할때가 있었다. 그러나 대체로 그는 사람은 가까이에 있지 않지만 생명의 원천이 가까이에 있으며 자신의 바로 곁에서 장엄한 신의 법칙이 끝없이 작용하고 있다고 느꼈다.

그는 여름과 겨울을 좋아했다. 흔히 겨울은 금욕주의, 여름은 쾌락주의에 비유된다. 우리나라의 찜통 같은 여름과 엄동설한의 겨울과 달리 보스턴 지역의 여름과 겨울은 쾌적한 편이다. 여름은 짧고 기온

이 20도 전후이며 겨울은 눈이 많이 내리긴 하지만 기온이 영하 1도 정도다. 소로는 하루 중에서는 해가 뜨는 새벽을 가장 좋아했고, 특히 청명한 여름의 새벽을 좋아했다.

상상력으로 자연을 보다

사람이 자연을 보고 그 아름다움에 놀랄 수 있는 것은 창조적 상상력 덕분이다. 상상력이 없거나 부족한 사람에게는 자연이 그렇게 놀랄 만큼 아름답게 보이지 않는다. 이런 점에 대해 소로는 《일주일》에서 다음과 같이 말했다.

> "아무리 멋진 풍경이라도 가까이 가면, 즉 어떤 제한 아래 상상력이 그 과장의 능력을 잃게 되면 그 풍경의 장엄함이 사라진다. 그럴 때면 산과 폭포의 높이나 폭이 이상할 정도로 작아진다. 우리를 만족시키는 것은 오직 상상된 것뿐이다."[100]

여기서 알 수 있듯이 소로는 자연을 과학적으로 보지 않았다. 그는 밖에 나갈 때마다 자가 새겨진 지팡이를 짚고 휴대용 망원경, 확대경, 커다란 노트, 연필을 들고 나가 모든 동식물과 광물을 그야말로 '연구'하다시피 했으나, 그러면서도 자연을 과학적으로 본 것이 아니라 어디까지나 상상력으로 보았다.

....
100 《일주일》, p. 202.

"자연은 인간적인 태도로 보지 않으면 안 된다. 자연의 풍물에 대해서도 고향에 대한 애착과 같은 인간적인 애착을 가져야 한다. 자연이 의미심장한 것은 연인이 그러한 것과 같다. 또한 자연을 사랑하는 사람은 인간을 사랑하는 사람임이 분명하다. 내게 친구가 없다면 자연이 무슨 소용이겠는가?"[101]

아이는 처음 꽃을 볼 때 이미 그 아름다움과 특징에 대한 통찰력을 갖고 있지만 식물학자는 그러한 통찰력을 갖고 있지 않다고 소로는 말했다. "관찰자가 목격한 사물과 그것에 대한 생각을 결합할 때 자신의 주관을 개입시키는 것은 당연하다"는 게 괴테의 낭만적 과학관이라면 소로는 개입시켜야 할 것에 주관만이 아니라 아이가 처음 꽃을 보았을 때의 흥분, 경이감, 공명, 사랑도 포함돼야 한다고 보았다.[102]

소로는 어떤 대상이든 그 대상에 완전히 몰입하지 못해 자신의 전 인격을 발전시키지 못하는 연구자를 가리켜 사이비 과학자라고 했다. 소로는 관찰을 위한 관찰을 하거나 뭔가 다른 목적으로 자연에 접근하지 않고 오로지 자연에 몰입하고자 했다. 그래서 그는 "감각을 자유롭게 해방시킨 상태 그대로 산책을 해야 한다. 사상과 마찬가지로 감각도 해방시켜야 한다"[103]고 주장했다.

여기서 해방이란 개인의 가치관이나 행동양식을 결정하는 개인적 의식과 그 의식을 형성하는 무의식으로부터의 해방, 그리고 민족

---

101 《케이프코드와 논문》, p. 163.
102 James McIntosh, Thoreau as Romantic Naturalist(Cornell University Press, 1974), p. 70.
103 《케이프코드와 논문》, p. 351.

또는 국가의 문화나 그 독특한 가치관을 형성하는 집단적 의식과 무의식으로부터의 해방을 뜻하는 동시에 인류가 처음 발생한 시점부터 지금까지 축적되어 인류가 보편적으로 공유하게 된 의식과 무의식에 직접 연결되는 감각기관을 가져야 함을 뜻하는 것이기도 하다. 또한 복잡한 타산이나 목적의식에서 비롯된 사고방식이나 감각을 버리고 이해관계 없이 호기심을 갖고 순수하게 자연을 바라보는 아이의 감각으로 되돌아가자는 뜻이기도 하다. 따라서 소로에게 감각이란 감각적인 만족을 얻는 수단이 아니라 인류의 보편적 정신으로 들어가는 문이었다.

《월든》의 5장 '혼자 살기'에서 소로는 고고한 정신의 중요성을 강조한다. 우리는 흔히 고고함을 찬양하면서도 혼자 사는 것은 좋아하지 않는데 이는 모순이다. 원저의 5장 제목인 'Solitude'를 흔히들 '고독'이라고 옮겨놓았지만 이 말은 감성적, 정서적인 의미의 감정을 뜻하기 때문에 원저의 뜻을 모호하게 만들 수도 있다. 그래서 나는 이것을 '혼자 살기'로 번역한다.

6장 '방문자들'에서 소로는 자신을 찾아온 사람들을 마치 인디언이 영국인을 처음 맞을 때처럼 대하면서도 그들이 문명과 사회의 구속에서 벗어나 자유롭게 살고자 하는 사람들이기에 환영한다고 말한다.

7장 '콩밭'에서 소로는 자신이 콩 경작으로 벌어들인 수입이 8달러 정도였다고 말하면서 1장의 주제였던 '생계'로 다시 돌아가 농업 이야기를 한다. 여기서 우리는 소로가 월든에 들어가서 단순히 음풍농월하며 산 게 아니라 생활인이자 노동자로 살았음에 유의해야 한다.

8장 '마을'에서 소로는 자신이 매일 또는 하루걸러 한 번 정도 마을에 갔다고 말한다. 그는 인간사회에서 떨어져 살면서도 언제나 인간사회를 관찰했다. 그는 만일 인간사회가 자신의 호숫가 생활과 같다면 절도나 강도 같은 범죄는 없으리라고 확신한다고 말했다.

9장 '호수'에서 소로는 어린 시절부터 자주 찾았던 월든에 대해 묘사한다. 이어 10장 '베이커 농장'에서는 1마일 이상 떨어진 곳에 사는 존 필드라는 이름의 아일랜드 출신 빈농의 생활을 묘사한다. 이 10장은 11장에서 '고상한 법칙'을 설명하기 위한 사전묘사라고 할 수 있다.

11장은 자신이 좋아하던 낚시를 그만두게 된 과정을 설명하는 것으로 시작된다. 여기서 소로는 성욕에 대해 노골적으로 표현하지는 않았으나 자신이 동물적인 성욕을 가졌음을 숨기지 않았다. 그는 그러한 본능을 부끄러워하지도 않았고 그런 본성을 바꿀 수 없는 것이라고 생각했다. 그러면서도 정신의 향상을 중요하게 생각했다. 11장은《월든》의 중심 주제가 자연도 저항도 아닌 정신, 즉 물질에 반대되는 정신이라는 점을 보여준다. 그래서 이 장을 소로의 정신적 자서전이라고 보고 아우구스티누스의《고백》에 비교하는 사람도 있다.[104] 12장 '동물 이웃'은 월든 호수 주변의 동물을 관찰한 기록이다.

13장 '난방'은 추운 겨울로 접어드는 시점에 채닝의 도움을 받아 난로를 만드는 이야기다. 이어 14장 '원주민과 겨울의 방문자'에서 소로는 과거 월든 호수 주변 거주자의 생활과 올코트를 비롯해 자신의

104 Richard Ruland ed., Twentieth Century Interpretation of Walden(Prentice-Hall, 1968), p. 85.

오두막을 방문한 사람들에 대해 말한다. 15장 '겨울의 동물'과 16장 '겨울의 연못'은 겨울생활에 대한 묘사다. 그동안 무시돼온 15장은 야생동물 보호에 관한 소로의 인식을 보여주는 것으로 재평가되고 있고, 16장에서는 측량사로서 소로의 면모를 엿볼 수 있다.

17장에서 소로가 '봄'을 계절의 마지막으로 설정한 것은 자신이 주장하는 인류의 새로운 출발을 선언하기 위해서였다. 그리고 18장 '맺음말'로《월든》은 대단원의 막을 내린다.

자연숭배와 정신주의

《메인 숲》에는 거대한 원시자연에 대한 장엄한 묘사가 여러 번 나온다. 소로는 원시자연의 숲이 교회를 대신해 새로운 복음을 전해준다고 생각했다. 이는 소로 이전에 이미 목사인 조너선 에드워즈와 에머슨이 가졌던 생각이고, 소로 이후에는 존 뮤어와 레이철 카슨 등으로 이어졌다.

《씨앗의 확산》에서 소로는 자연을 하나의 씨앗에서 확산된 것으로 보는 관점을 드러냈다. 그 배경에는 애니미즘적인 자연숭배가 깔려 있다고 볼 수 있다.《월든》에 앞서 출판된《일주일》에도 그러한 애니미즘적인 자연숭배의 태도가 다음과 같은 문장으로 표현됐다.

"그 조용함은 격렬하게 숨을 머금은 것 같은 정도였고, 그날이 마치 자연의 안식일처럼 생각되어 우리는 그날 아침이 어떤 성스러

운 날의 저녁이라고 상상했다." [105]

이 문장은 자연이 성스럽게 변하는 시간 속에 놓여 있으면서 성스러운 이야기를 만들어낸다고 느끼는 소로의 종교적이고도 낭만적인 자연관을 보여준다.

《일주일》은 1839년 8월에 형과 함께 일주일 걸려 직접 만든 보트를 타고 콩코드 강과 메리맥 강을 2주간 여행한 내용을 기록한 책이다. 소로는 1842년에 형이 죽자 그와 함께 했던 보트여행의 기억을 기록해 책으로 내야겠다고 마음먹었고, 그로부터 몇 년 뒤에 월든에서 집필에 착수해 1849년에 책을 펴냈다. 따라서 이 책은 소로가 10년에 걸쳐 쓴 작품이라고 볼 수 있다.

《일주일》의 가장 중요한 주제는 자연과 상업의 대립이다. 소로는 식민지 관련서적 여러 권을 보면서 백인이 선교사를 앞세워 칼과 성서를 들고 원주민을 정복한 역사를 공부했다. 그는 이 책에서 원주민에 대한 자신의 공감을 숨기지 않고 드러내며 미국을 비판했다. 이 책에는 《월든》에서 볼 수 있는 문명과 야성 사이의 심각한 대립에 대한 언급은 없다. 하지만 이 책에서 소로는 자연에 대한 공감과 자연의 법에 대한 신뢰를 충분히 표현하고 있다.

소로가 말하는 자연은 야성의 자연이다. 그것은 시민적(civil)인 것의 반대다. 시민적이라는 말에는 애완동물, 가축, 정원, 텃밭 등이 모두 포함된다. 앞에서 인용한 바 있는 《월든》의 한 구절을 다시 인용해

105 《일주일》, p. 46.

보자.

"나는 개도, 고양이도, 소도, 돼지도, 닭도 기르지 않기 때문에 가정적인 소리를 전혀 들을 수 없다. 마음을 부드럽게 만드는 우유 휘젓는 소리도, 물레 도는 소리도, 솥이 끓는 소리도, 커피 끓이는 소리도, 아기의 울음소리도 없다. 낡은 관념을 가진 사람이라면 미쳐버렸거나 그 전에 권태감을 이기지 못해 죽어버렸으리라. 심지어 담장에는 쥐 한 마리도 없다. 먹을 게 없어 굶어죽었거나 아예 들어올 생각을 하지 않았으리라. (…) 마당에는 시간을 알려주는 어린 수탉도, 꼬끼오 하고 우는 암탉도 없다. 아니 마당 자체가 없다! 울타리 없는 자연이 끝없이 이어져 있을 뿐이다. (…) 큰눈이 내리면 앞마당의 문으로 가는 길이 막히는 게 아니라 아예 문도 정원도 없고 문명세계로 가는 길 자체가 없다." [106]

월든에 사는 소로에게 친구들이 월든에서 무슨 일을 하느냐고 물었다. 그러자 소로는 계절의 변화를 보는 것도 훌륭한 일이라고 대답했다.[107] 그에게는 계절의 변화를 보는 것이 월든 시절뿐 아니라 평생 가장 중요한 일이었다. 그가 월든에서 산 삶은 인디언의 생활을 모방한 것이었고, 결국 그가 만든 새로운 신화로 남았다. 그는 자연에서는 농사를 지으며 자립적으로 살아갈 수 있지만 퇴폐한 사회에 새로운 씨

---

106 《월든》, pp. 127~128.
107 《일기》, 1841년 12월 24일.

앗을 뿌리고 그것을 기르기는 어렵다고 생각했다.

소로는 자본주의, 산업주의, 상업주의, 물질주의에 반대되는 정신주의를 주장했다. 그는 무엇보다도 먼저 정신주의자였다. 그에게 자연은 그 자체가 목적이 아니라 정신적인 것에 이르게 해주는 연결고리였다. 시인도, 박물학자도 그 목적은 정신적 진선미에 이르는 데 두어야 한다고 그는 생각했다.

소로에게 정신적인 것은 동물적인 것에 반대되는 것이기도 했다. 그는 순수성과 야만성이 대립한다고 보았다. 인간은 모두 순수성과 야만성을 다 갖고 있으며 야만성에서 순수성으로 이행하는 것이 인간의 성장이라고 그는 생각했다. 정신(영혼)이 '보다 높은 법'에 따르게 되면 불결하고 육체적인 것이 모두 순수하고 정신적인 것으로 변화한다고 보았다. 그가 월든 호숫가에서 살았던 것도 그러한 변화를 바라서였다.

그러나 그는 자신이 사교적인 인간이며 홀로 사는 고독한 생활에 실패했다고 느꼈다. 그러면서 그는 이상은 자연 속에서 실현되지 않으며 정신적 재생은 자연 속에서보다 사회와 문명 속에서 더 적절하게 실현된다고 주장했다.

소로의 자연관

소로의 자연관을 구성하는 요소 가운데 첫 번째는 자연의 정화작용에 대한 인식이다.

"미개한 시대의 시에서 자연에 대한 매우 세련된 찬사가 나타나는 것은 기묘한 일이 아니다. 왜냐하면 자연의 매력은 사회와 달리 문명에 의해 강화되는 것이 아니며, 결국은 인류를 위로하고 교육하는 영구적 정화작용을 갖고 있기 때문이다."[108]

소로는 이런 자연의 정화작용을 학교교육이나 직업교육과 비교했다.

"도덕적, 지적 건강을 위해서는 자연과의 끝없는 접촉이나 자연의 현상에 대한 끝없는 명상이 매우 중요하다. 학교나 직업의 훈련은 그러한 종류의 심적 청명함과는 무관하다."[109]

학교교육은 비교적 짧은 시간에 지식을 획득해 축적하고 그렇게 축적된 지식을 개인적으로 소유하는 것을 주된 목적으로 하며, 직업교육도 범위는 좁지만 마찬가지로 지식의 획득과 축적, 개인적 소유를 주된 목적으로 한다. 그러므로 학교교육도 직업교육도 개인의 의식을 바탕으로 이루어진다. 그러나 자연과의 접촉은 무의식을 바탕으로 이루어진다고 소로는 생각했다. 그러므로 숲 속으로 들어가 의식적인 자기를 망각하고 자연스럽고 무의식적인 자기를 발현시킴으로써 자신을 갱신시킬 수 있다는 것이었다.

....
108 《일기》, 1842년 2월 23일.
109 《일기》, 1851년 5월 6일.

"매일 해가 뜨고 지는 것을 바라보며 스스로를 우주적인 현상과 연결시키는 것은 사람에게 영원한 정기(正氣)를 준다." [110]

소로의 자연관을 구성하는 두 번째 요소는 '아름다움'에 대한 인식이다. 소로는 각종 색 가운데 붉은색이 가장 아름답다고 생각했다. [111] 붉은색은 "피와 대지와 와인의 색이고, 미덕과 용기, 성숙한 것이 가진 강함의 색이고, 완성된 것의 색이고, 부패하지 않은 색"이라는 것이다. [112] 소로가 극장, 박물관, 오페라를 경멸한 반면 숲에서 생물을 관찰하는 것을 좋아한 이유는 생물에는 실재감과 생명력이 있기 때문이었고, 이는 곧 그의 붉은색 선호와도 관련된 것이었다. 소로는 예술 작품이 아무리 아름답다 해도 자연에 견줄 수는 없다고 말했다. 《일기》에 나오는 날짜 미상의 다음 구절을 보자.

"신과 같이 시인의 눈으로 보면 모든 것이 다 생기있고 아름답다. 그러나 역사나 기억의 눈으로 보면 모든 것이 다 죽어있고 불쾌감을 준다. 자연을 정지된 것으로 보면 바로 변형되고 부패하는 것처럼 보이지만, 움직이는 것으로 보면 너무도 아름답게 보인다."

소로의 자연관을 구성하는 세 번째 요소는 자연과는 공감할 수 있다는 인식, 즉 인간과 자연은 평등하다는 인식이었다. 그는 "인간이

110 《일기》, 1837년 4월 7일.
111 《일기》, 1853년 6월 14일.
112 《일기》, 1853년 8월 31일.

자연을 따른다면 그것에 대해 무장할 필요가 없고, 그것을 간호인이나 친구인 것처럼 생각할 수 있다"[113]고 했다. 그는 인간이 자연보다 우월하다고 생각하지 않았고, 정치가를 비롯한 일부 인간은 자연보다 저급하다고 생각했다. 이 밖에 자연의 자비로움과 강인함에 대한 인식도 소로의 자연관을 구성하는 요소라고 볼 수 있다.

소로에게 자연은 신의 의도대로 살아 있는 존재, 심지어는 신 자체라고 말할 수도 있는 존재였다. 그리고 인간은 자연을 통해서만 승화되어 신 자체와 일체화될 수 있다고 생각했다. 이런 확신을 갖게 된 소로는 문명의 발전에 따라 생겨난 사회라는 집단 속에서 본질적인 체험은 하지 못하면서 그림자 같은 삶을 살아가는 사람들에게 눈길을 돌렸다. 그는 인간을 혐오했지만, 그러면서도 인간에 대한 근본적인 믿음은 결코 버리지 않았다.

《월든》에 대한 평가

《월든》은 형식과 내용이 매우 독특해서 장르를 초월한 게릴라 문학이라고 평가되기도 한다. 이 작품에서 주인공인 '나'는 목사, 과학자, 시인, 힌두교의 현인, 그리스의 전사, 소박한 양치기, 경건한 농부, 개척자, 식민주의자, 붙잡힌 노예, 승리의 해방자 등으로 다양하게 나타난다. 《월든》은 기존의 장르 구분에서 벗어나는 데 그치지 않았다. 《월든》은 자연에서 신을 찾은 퓨리턴 신학을 미국 자연사의 전통과 결합

---

113 《일기》, 1841년 2월 7일.

시켰다는 점에서 새로운 장르를 개척한 작품으로 평가된다.

《월든》은 처음 출판됐을 때 대체로 호의적인 평가를 받았다. 특히 눈에 띄는 평가는 저자인 소로는 이기적인 사람이지만 《월든》은 박애적이라는 평가다.[114] 물론 혹평도 없지 않았고, 지금도 혹평을 하는 사람이 있다. 한 예로 당대의 시인이자 비평가인 제임스 러셀 로웰은 자연에 경도된 소로의 태도를 '자의식 과잉'이라거나 '비사회성과 연결된 반공동체주의'라고 비판했다. 또한 20세기의 비평가인 퀀틴 앤더슨은 저서 《제국적 자아(The Imperial Self)》(1971)에서 미국적 개인주의를 제국주의의 원천으로 지목하면서 그 한 예로 소로의 사고방식을 들었다.

《월든》이 낭만주의와 퓨리턴주의의 결합으로 평가되며 고전의 반열에 오르게 된 계기는 비평가이자 역사가인 프랜시스 오토 매티슨이 쓴 《미국 르네상스》(1941)라는 책의 출간이었고,[115] 그 뒤로 소로와 《월든》에 대한 새로운 비평이 많이 나왔다.[116] 그 가운데 최근의 가장 중요한 비평은 데이비드 레이놀즈(David S. Reynolds)의 《미국 르네상스 밑에서(Beneath the American Renaissance)》(1988)다. 이 책에서 레이놀즈는 사회적 정서를 전복시킨다는 측면에서 《월든》을 평가했다.

....

114 Joel Myerson ed., Critical Essays on Henry David Thoreau's Walden(G. K. Hall, 1988), pp. 1~38.

115 Francis Otto Matthiessen, The American Renaissance: Art and Expression in the Age of Emerson and Whitman(Oxford University Press, 1941).

116 예컨대 다음 책들을 보라. Sherman Paul, The Shores of America: Thoreau's Inward Exploration(University of Illinois Press, 1958); Charles Anderson, The Magic Circle of Walden(Holt, Reinhart & Winston, 1968); Stanley Cavell, The Senses of Walden: An Expanded Edition(North Point, 1981).

마이클 길모어는 《미국 낭만파 문학과 시장사회》[117]에서 에머슨이 목사 일을 그만둔 1831년부터 호손이 《대리석의 목신》을 출판하고 소로가 죽은 1862년까지의 기간에 경제혁명이 미국을 시장사회로 변모시켰는데 그 시장사회에 대한 낭만파의 혐오가 그들에게 사회변혁에 대한 사명감을 불러일으켰다고 지적했다.

1990년대부터는 생태주의 비평이 《월든》에 대한 비평의 주류를 이루었다. 많은 생태주의 비평가들이 《월든》을 자연문학의 효시라고 주장했다. 생태주의 비평 가운데 특히 소로의 자연관에 대한 새로운 해석[118]이나 '환경적 상상력'의 관점에서 수행된 연구[119]가 주목된다.

《메인 숲》

월든을 떠난 소로는 "살아볼 만한 가치가 있는 다른 삶이 많이 있다"면서 산과 바다로 갔고, 그 경험을 작품으로 남겼다. 소로는 1954년에 《월든》을 출판한 뒤에도 《케이프코드》를 비롯한 여러 작품을 썼으나 모두 그가 죽은 뒤에야 출판됐다. 그리고 그 내용은 대부분 상세한 자

----

117 Michael Gilmore, American Romanticism and the Marketplace(University of Chicago Press, 1985).

118 예컨대 다음 책들을 보라. Laura Dassow Walls, Seeing New Worlds: Henry David Thoreau and Nineteenth Century Natural Science(University of Wisconsin University, 1995); Richard J. Schneider ed., Thoreau's Sense of Place: Essays in American Environmental Writing(University of Iowa Press, 2000).

119 예컨대 다음 책들을 보라. Lawrence Buell, The Environmental Imagination: Thoreau, Nature Writing and the Formation of American Culture(Harvard University Press, 1995); Lawrence Buell, Writing for an Endangered World: Literature, Culture and Environment in the US and Beyond(Belknap Press, 2001).

연관찰의 기록이다.

《메인 숲》은 소로가 죽은 지 2년 뒤인 1864년에 출간됐다. 이 책은 그가 생전에 잡지에 기고했던 여러 여행기, 즉 《크타든》(1846년 여름의 등산), 《체선쿠크 호수》(1853년 9월의 여행), 《앨리거시 강 동쪽 지류》(1857년 7월의 여행)를 묶은 것이며 '숭고의 미학', '극한상태의 황야기행'으로 주목받고 있다. 등산문학의 명문장으로 일컬어지는 "나는 육체를 두려워한다. 나를 붙잡고 있는 이 거인은 도대체 누구인가? 우리는 누구인가? 우리는 어디에 있는가"는 바로 이 책에 나오는 구절이다. 이 구절은 황야에서 방향감각을 상실한 위기를 표현하는 데 자주 이용된다.

《메인 숲》에는 거대한 원시자연에 대한 장엄한 묘사가 여러 번 나온다. 소로는 그 원시자연의 숲이 교회를 대신해 새로운 복음을 전해준다고 생각했다. 그러면서 그는 이렇게 말했다. "시인은 때때로 뮤즈의 더욱 새롭고 상쾌한 샘에서 물을 마시기 위해 야생 깊숙한 곳에 있는 작은 오솔길, 원주민의 길을 통과해야 한다."[120] 그에게 야생은 알 수 없는 거대하고 신비로운 힘일 뿐 아니라 '아담과 같이 인생을 새로 시작하는 것'을 허용하는 새로운 세계이기도 했다.

《케이프코드》

소로는 1849년 초가을에 채닝과 함께 케이프코드에 처음 가본 뒤 1850

----

[120] 《메인 숲》, pp. 69~70.

년 6월, 1855년 7월, 1857년 6월에도 그곳을 여행하고 그 내용을 기록했다. 《케이프코드》는 처음 출간됐을 때는 《월든》에 비해 낮은 평가를 받았지만 최근에는 '정신적 발견'이라는 주제를 탐구한 책으로서 또 하나의 걸작이라는 평가를 받고 있다. 인간과 자연 사이의 조화에 대한 확고한 신뢰가 표현된 《월든》과 달리 《케이프코드》에는 인간과 자연 사이의 부조화와 특히 거대한 자연인 바다에 대한 공포감이 표현돼 있다.

> "바다는 벵골의 정글보다도 야성적이고, 괴물들로 가득 차 있으며, 도시의 부두나 해변 주거지의 정원을 말끔히 씻어주면서 지구를 도는 야생의 존재다. 뱀이나 곰이나 하이에나나 호랑이는 문명이 발달함에 따라 급속히 사라지지만, 엄청나게 인구가 많고 문명화된 도시조차도 그 항구에서 한 마리의 상어도 쫓아낼 수 없다."[121]

여기에 표현된 바다는 마치 《메인 숲》에 표현된 거대한 산맥을 연상시킨다. 그러나 그 바다는 《백경》이라는 작품으로 유명한 소설가 허먼 멜빌이 본 바다와는 달랐다. 멜빌의 '신비한 바다'는 삶과 죽음, 선과 악, 빛과 어둠이 교차하는 구약성서와 칼뱅의 존재론적 이미지가 가득 차 있는 신학적 우주인 반면에 소로의 바다는 그러한 종교적 의미 이전의 근원적이고 시적이며 과학적인 바다다.

....
121 《케이프코드와 논문》, p. 148.

그러한 거대한 바다를 앞에 두고 소로는 과거에 그 바다를 건너 아메리카대륙에 도착한 청교도들을 생각한다. 소로는 상업적 식민주의자에다 편협한 종교인이었던 그들의 업적이 과대평가됐다고 비판한다.[122] 이 대목은 그가 《월든》의 3장 '독서'에서 '자유를 위해 마을을 뒤로 하고 숲으로 간' 청교도들을 찬양한 부분과 대조적이다.

《걷기》

우리나라에 《산책》이라는 제목으로 소개된 《걷기》는 야생을 절대적인 자유의 상태로 정의하고 아름다운 인공정원보다는 야생의 음울한 늪에서 살고 싶다고 선언한 책이다. 이런 점에서 이 책은 야생지역 보호의 정신을 그 원형적 형태로 보여주는 작품인 동시에 정신성과 평등성을 상실한 미국문명에 대한 통렬한 비판서이기도 하다.

소로는 하루에 최소한 4시간 이상 걸었다. 나는 《걷기》야말로 그의 주저라고 생각하며(다른 사람들은 그렇게 평가하지 않는다), 소로의 책 가운데 이 책을 가장 좋아한다. 이 책은 다음과 같은 구절로 시작된다.

"나는 자연을 옹호하고, 단순한 시민적 자유나 시민적 문화와는 대조되는 절대적 자유와 야생을 위하여 한마디 하고 싶다. 여기서 나는 인간을 사회의 일원이 아니라 자연의 주민이나 일원, 또

122 《케이프코드와 논문》, p. 237.

는 그 중요한 한 요소로 보고자 한다."[123]

《걷기》에서 소로는 인간을 자연의 일부로 보고 있다. 이 책은 소로가 1850년부터 1857년 사이에 쓴 일기에서 뽑아낸 소재를 갖고 작성한 강연원고를 바탕으로 만들어진 것이다. 이 책은 '걷는 것'의 의미를 논한 전반부와 야성의 본질을 논한 후반부로 나뉘어 있어 통일성이 없다는 비판을 받기도 했다.

걷기는 철학과도 밀접한 관계가 있다. 걷기와 철학의 관계는 고대 아테네의 소요학파로부터 시작되어 지금까지 이어진다. 18세기 후반의 낭만파는 특히 걷기를 중시했다. 낭만파의 대표적인 시인인 워즈워스와 콜리지는 하루에 30킬로미터 정도를 걸었고, 그렇게 걷는 과정에서 만나게 되는 자연에서 창작의 영감을 얻었다고 한다.

이런 걷기의 역사와 달리 소로에게는 산책이 삶을 윤택하게 만드는 생활기술이었다. 그는 하루에 적어도 4시간 이상은 모든 일에서 완전히 벗어나 산책하는 것을 생활의 중심으로 삼았다. 산책길에서 만나게 되는 야성의 자연에 비하면 정치를 비롯한 세속의 모든 일은 연기와 같이 실체가 없는 것이었다. 자연이 지닌 야성은 소로가 갖고 있었던 자연관의 핵심이며, 그는 생활은 물론 문학과 예술도 야성에 가까운 것이 최고라고 생각했다. 그런 그에게 생명이란 야성 그 자체였고, 야성은 자유의 상징이었다.

《걷기》의 중요한 주제 가운데 하나는 '서쪽으로의 충동'이다. 식

....
123 《여행기와 시》, p. 205.

민지 시대에 북아메리카 동부의 개척지에 세워진 미국이라는 나라는 이후 점차 서쪽으로 확장돼갔다. 소로가 스물두 살이었던 1839년에는 미국인들이 그러한 서부개척을 '미국의 명백한 운명'이라고 여겼다. 미국인들은 하나같이 미국의 영토가 서부의 해안까지 확장되는 것이 신의 섭리라고 생각했다. 이런 맥락에서는 이 책의 원제인 '워킹 (Walking)'이 '산책'을 넘어 '확장'이라는 의미도 갖는다. 이 책에 서부개척에 대한 확신과 그것을 옹호하는 내용이 담겨있다는 점에서 우리는 소로 역시 당대의 인간이었다는 생각을 할 수 있다.

여기서 한 가지 짚고 넘어가야 할 점은 《걷기》를 비롯한 소로의 작품들이 반지성주의의 소산은 아니라는 것이다. 소로가 자연, 특히 야생의 중요성을 강조한 것은 사실이다. 게다가 그는 교양이나 지성을 버리고 문명에서 벗어나 자연과 일체가 되려는 시도까지 했다. 같은 맥락에서 그는 전통, 교양, 과거는 동쪽에 놔두고 야성의 서쪽으로 가자고 주장했다. 그렇지만 그는 단지 체험을 통해서만 자연을 파악하려고 하지는 않았다. 그의 글에는 동서고금에 걸친 지식과 학식이 흘러 넘친다.

4장 소로의 저항과 희망

"노예를 둔 정부에는 세금을 내지 않겠다"

월든 호숫가의 오막살이를 시작한 지 1년 반쯤 된 1846년 7월 23일 저녁에 소로는 수선을 맡긴 구두를 찾으러 마을에 갔다가 세리이자 간수와 경찰도 겸직하고 있는 친구를 만났다.

그 친구는 소로에게 몇 년간 내지 않아 밀린 세금을 내라고 했다. 소로는 노예를 두고 있는 나라의 정부에는 세금을 내지 않겠다고 대답했다. 난처해하는 친구에게 소로는 세리의 일이 힘들고 거북하면 그 일을 그만두라고 했다. 친구는 소로에게 세금을 계속 체납하면 감옥에 갇힐 수도 있다고 말했다. 그러자 소로는 지금 당장 자신을 감옥에 가두어도 좋다고 대답했고, 실제로 감옥에 갇혔다. 면회 온 에머슨이 "왜 거기에 있소?"라고 묻자 소로는 "당신은 왜 여기에 있지 않소?"라고 반문했다.

밀린 세금을 친척이 대신 내준 덕분에 소로는 하루 만에 석방됐다. 그러나 그는 그 친척에게 고마워하기는커녕 자신의 신념을 알릴 좋은 기회를 놓치게 했다면서 도리어 화를 냈다. 소로는 자신의 행동은 저항이라고 주장하면서 간섭하지 말라고 정부에 요구했다.

당시에 납세를 거부한 것이 소로가 처음은 아니었다. 3년 전인 1843년에 이미 그의 친구인 올코트가 비슷한 이유로 납세를 거부하다가 체포됐지만 마을의 판사가 대납해주어 감옥에 갇히지는 않았다. 그는 이듬해에도 납세를 거부했다. 그러나 역시 감옥에 갇히지 않았다. 처가 쪽에서 미리 세금을 납부해주었기 때문이다. 올코트의 다른 친구도 납세 거부에 동참했다고 한다.

소로가 올코트의 행동을 모방한 것이라는 이야기도 있으나 이 문제는 그리 중요한 것이 아니다. 모방하기를 싫어한 소로였지만, 훌륭한 행동에 대해서만은 예외였던 것 같다. 여하튼 그 뒤에 소로는 한 사람만의 저항으로는 뜻을 이루기 어렵다고 생각해서 납세를 거부하는 행동을 중단했다.

사실 소로는 그 전에도 납세를 거부한 적이 있다. 당시에 매사추세츠 주에서는 교회의 재정을 돕기 위해 다른 세금과 함께 교회세도 거두었다. 소로의 가족이 살던 제1교구에서는 1840년에 교회가 과세대장에 그의 이름을 올리고 그에게 세금청구서를 보냈다. 소로는 세금을 내지 않겠다고 통고했지만 그때도 누군가가 대신 납부해주어 감옥에 갇히지는 않았다.

그 해에 소로는 노예제에 반대하는 글 《자유의 호소(Herald of Freedom)》를 〈다이얼〉에 기고했고, 그 뒤에도 노예제에 반대하는 강연을 하는 등 활동을 멈추지 않았다. 이 해에 소로는 메인 숲에 처음으로 가보았다. 그는 나중인 1853년과 1857년에도 메인 숲을 찾았다.

1847년 가을에 소로는 월든 호숫가를 떠나 에머슨의 집으로 갔다. 그곳에서 그는 영국으로 강연여행을 떠난 에머슨을 대신해 그의 집을 관리하고 그 아들의 가정교사로 일하며 1년을 보냈다. 이 무렵에 소로는 여기저기서 강연을 했다. 그의 강연 가운데 초월주의에 관한 강연은 청중의 반응이 시원치 않았으나 자연관찰에 관한 강연은 꽤 인기를 끌었다. 또한 《토머스 칼라일과 그의 저술(Thomas Carlyle and His Works)》이라는 글을 〈그레이엄 매거진〉에 발표했고, 본격적으로 측량과 박물수집을 하기 시작했다. 그리고 어떤 여자에게 구혼했다가 거절당하기도 했다.

1848년 1월에 소로는 '개인과 정부의 관계'를 주제로 강연을 했다. 그는 이 강연의 내용을 정리한 글을 1849년에 〈에스세틱 페이퍼스(Aesthetic Papers)〉에 《시민정부에 대한 저항》이라는 제목으로 발표했다. 이 글은 나중에 《시민저항》으로 불리게 되지만, 1973년에 프린스턴대학에서 펴낸 소로 전집에는 《시민정부에 대한 저항》이라는 제목으로 실렸다.

여기서 한 가지 유의할 점은 《시민정부에 대한 저항》의 '시민'과 《시민저항》의 '시민'은 그 뜻이 서로 다르다는 것이다. 《시민정부에 대한 저항》의 '시민'은 '중산계급'이라는 뜻으로 '문명'과 일맥상통하고 소로가 이상으로 삼은 야생과 대립된다. 그러나 《시민저항》의 '시민'은 예의바르고 온화하며 비폭력적인 태도를 가리키며, 따라서

'시민저항'이란 '예의를 갖춘 불복종'을 의미한다.

《시민저항》

《시민저항》은 "'가장 적게 통치하는 국가가 가장 좋은 국가'라는 모토를 나는 진심으로 받아들인다"라는 구절로 시작한 뒤 다음과 같이 이어진다.

> "그리고 나는 그것이 더욱 빠르고 체계적으로 실천되는 것을 보고 싶다. 그것이 실천되면 결국은 내가 믿는 대로 '전혀 통치하지 않는 국가가 가장 좋은 국가'임이 입증된다. 사람들이 그런 국가를 받아들이려고만 한다면 그들은 바로 그런 국가를 갖게 될 것이다. 국가란 하나의 방편에 불과하다. 그러나 대부분의 국가는 항상 불편하고, 모든 국가는 종종 불편하다."[124]

이어 소로는 군대를 비판하듯 국가 자체를 비판해야 한다고 주장하고, 당시의 멕시코전쟁에서 보듯이 소수의 지배자가 국가를 이기적으로 이용하는 반면에 인민은 그런 수단과 처음부터 무관하다고 주장한다.

> "인민에게 국가란 나무총과 같다. 그렇다고 해서 국가가 불필요

---
124 《케이프코드와 논문》, p. 356.

하다는 말은 아니다. 왜냐하면 인민은 국가에 대한 그들의 관념을 만족시키기 위해 좀 복잡한 기계를 가져야 하고 그 소음에 귀를 기울여야 하기 때문이다. 이처럼 국가라는 것은 인간이 이익을 위해서라면 얼마나 쉽게 감쪽같이 속아 넘어가거나 스스로를 속이는지를 알 수 있게 해준다."[125]

이러한 주장이 아나키즘에 가깝다는 것을 아는 소로는 자신이 아나키스트는 아니라고 밝히고, 자신이 주장하는 것은 '정부의 폐지'가 아니라 '더 좋은 정부'라면서 그것이 다수자의 정부는 아니라고 덧붙인다. 그러고는 앞에서도 인용한 바 있는 다음과 같은 말을 한다.

"우리는 먼저 인간이어야 하고 그 다음에 피통치자여야 한다고 나는 생각한다. 정의에 대해 느끼는 만큼의 존경심을 법에 대해 기르는 것은 바람직하지 않다. 내가 당연히 받아들여야 하는 유일한 의무는 언제나 나 자신이 옳다고 생각하는 대로 실천하는 것이다."[126]

따라서 소로에게 중요한 것은 '정의'이지 '국가의 법'이 아니었다. 소로는 국가의 법이 정의롭지 못함을 보여주는 사례로 '전쟁터로 끌려가는 군인'을 들고 그러한 법에 반대하는 소수자를 정의의 편으

---

125 《케이프코드와 논문》, p. 357.
126 《케이프코드와 논문》, p. 358.

로 보았다.

"자신의 의지, 자신의 상식과 양심에 반하여 전쟁에 끌려가 언덕을 넘고 계곡을 내려가 행진하는 병사들의 질서정연한 대열 (…) 미국정부는 그런 인간을 만들 수 있다. (…) 대중은 이처럼 국가의 주인이 아니라 기계로 봉사한다. (…) 영웅, 애국자, 순교자, 위대한 개혁자 등 극소수가 양심에 따라 국가에 봉사하면 (…) 보통은 국가의 적으로 간주된다."[127]

그러한 국가에 대항하는 '혁명권'을 소로는 인정한다.

"모든 인간에게는 혁명의 권리가 있다. 그것은 정부의 폭정과 무능이 절대적이고 도저히 참을 수 없을 때 정부를 따르기를 거부하고 정부에 저항할 권리다."[128]

소로는 다른 사람들과 달리 당시를 혁명의 시기로 보았다. 국민의 6분의 1이 노예이고 미국의 군대가 멕시코를 침략했으니 그러한 정부에는 대항할 필요가 있다는 것이었다.[129] 그는 정의롭지 못한 행위를 방치해서는 안 되며 정의롭지 못한 행위의 공범이 되지 않으려면 타협하지 말아야 한다고 주장했다. 그는 정의가 아닌 이해득실을 따져서는

127 《케이프코드와 논문》, pp. 358~359.
128 《케이프코드와 논문》, pp. 360.
129 《케이프코드와 논문》, p. 361.

안 된다고 지적했다. 당시 미국의 대중은 정의롭지 못한 법률이 존재하는 경우에는 그 법률이 개정돼야 함을 다수가 납득할 때까지 기다리며 다수를 설득해야 한다고 생각했다. 다수가 저항한다면 폐해가 오히려 더 크다고 생각했기 때문이다.

그러나 소로는 폐해를 막는 것은 정부의 책임이고, 소수는 정부에 개혁을 요구해야 한다고 주장했다. 그리고 개혁을 요구하기 위해서는 정의롭지 못한 정부와의 관계 단절, 정부의 권위에 대한 고의적이고 신중한 부정, 법질서 파괴, 정부에 대한 충성의 거부와 반항, 반역과 혁명이 필요하다고 주장했다. 소로는 소수의 힘을 믿었다.

"우리는 자신의 투표권을 모두 행사해야 한다. 그리고 그것은 단순히 투표용지를 던지는 것이 아니라 자신의 영향력 전부를 던지는 것이어야 한다. 소수파가 다수파에 영합하는 한 소수파는 무력하다. 만일 그렇게 한다면 그들은 소수파라고 할 수도 없다. 그러나 소수파가 전력을 기울여 막아설 때 그들에게 필적할 자는 없다. 올바른 사람들을 감옥에 가둘 것인가, 아니면 전쟁과 노예제를 포기할 것인가라는 두 가지 가운데 하나를 선택해야 한다면 국가는 어느 것을 선택할지를 주저하지 않을 것이다. 만일 올해 천명이 세금을 내지 않는다고 해도 그런 행동은 거둬들인 세금으로 폭력을 행사하여 무고한 피를 흘리게 하는 국가의 행동만큼 폭력적이고 유혈적인 것은 아니리라. 평화혁명이 가능하다면 바로 이것이야말로 평화혁명의 정의다. (…) 피통치자가 충성을 거부하고 관리가 사직할 때 비로소 혁명은 성공한다."[130]

《시민저항》에서 소로는 시민저항의 잠재적 강제력보다 그 도덕적 영향력에 주목했다.

"나는 확신한다. 천 명이, 백 명이, 또는 내가 이름을 댈 수 있는 열 명이(단 그 열 명이 모두 '정직한' 인간이라면), 아니 단 한 명이라도 '정직한' 인간이 이 매사추세츠 주에서 노예소유자이기를 그만두고 정부와의 공범관계로부터 실제로 벗어나고, 그랬다는 이유로 마을감옥에 갇히게 되면 그런 행동이 바로 미국에서 노예제를 없앨 것이다."[131]

"생각과 실천이 일치돼야…"

《시민저항》은 순수한 정치논문이 아니라 반은 도덕론, 반은 정치론이므로 도덕적 정치논문이라고 할 수 있다. 소로가 이 책을 쓰게 된 계기는 2년 전에 납세를 거부했다가 감옥에 갇혔던 경험이다.

이 책에서 소로는 미국인들이 대부분 인간이 아닌 기계라고 비판했다. 그들은 인간성을 상실하고 육체만으로 국가에 도움이 되고자 하는 존재에 지나지 않는다는 것이었다. 소로는 인간성을 상실한 대중에

----

130 《케이프코드와 논문》, p. 371.
131 《케이프코드와 논문》, p. 370.

대해 그 전부터 비판적 태도를 보였지만 특히 이 책에서 그런 대중에 대해 날카로운 비판을 가했다. 미국인들은 특히 집단적으로 살아가는 본능만 발전하고 지성과 자기신뢰의 정신은 결여하고 있다는 것이었다.

소로는 지성과 자기신뢰의 정신이 충만한 개인을 찬양한 반면에 양로원과 부조금만 기대하거나 죽을 때 화려한 장례식을 해주겠다고 약속하는 보험회사의 약속만 믿고 살아가는 대중을 경멸했다. 그래서 그는 사회보장제도를 바꾸는 것만으로 사회개혁을 이룰 수 있다고 주장하는 사람들을 싫어했다.

소로는 정의의 실현에 대한 대중의 비겁하고 방관적이며 타협적인 태도도 비판했다. 덕이 좋다고 말하는 자가 999명이라면 실제로 덕을 몸에 익히는 자는 1명에 불과하듯이 정의의 실현에 대한 대중의 말과 행동이 일치하지 않는다는 것이었다. 또한 그는 투표에 대해 비판을 가했다. 투표는 장기나 바둑과 같은 일종의 승부놀이로서 전혀 도덕적이지 못하며 투표자는 자신의 인격을 투표행위에 결부시키지 않는다는 이유에서였다. 다시 말해 사람들은 자신이 옳다고 생각하는 것을 위해 투표를 하지만 자신이 옳다고 생각하는 것이 반드시 승리해야 한다고는 생각하지 않고 소위 다수결의 원리에 따라 결정을 다수에게 맡겨버린다는 것이었다.

정의로운 사람은 그렇게 행동하는 대중과 다르다고 소로는 생각했다. 정의로운 사람은 정의의 실현을 우연의 힘에 맡기려고 하지 않으며, 정의가 다수의 힘에 의지해 승리하기를 바라지도 않는다는 것이었다. 정의의 실현은 각 개인이 편의주의적인 태도를 버리고 정의와 관련된 생각과 실천을 일치시킴으로써 정의에 바탕을 둔 행위를 해야만 가능하다고 소로는 생각했다. 그는 정의에 대한 생각과 행동을 일치시킴으로써 변혁을 이루는 것이야말로 참된 혁명이라고 주장했다. 소로는 정의로운 사람이라면 바로 그러한 혁명적 태도를 일상적으로 유지해야 하며, 정부에 대한 태도는 그러한 혁명적 태도의 연장일 뿐이라고 말했다.

사상사로 보면 소로는 《자발적 복종》을 쓴 16세기 프랑스의 사상가 라보에티(Étienne de La Boétie)와 가깝다. 라보에티는 "폭군의 권력은 인민의 자발적 협력에 근거하므로 인민이 협력하기를 거부하면 폭군도 무력해질 수밖에 없다"고 주장했다. 다음과 같은 라보에티의 주장은 소로의 주장과 다르지 않다.

"복종하지 않겠다고 결심해보라. 그러면 자유롭게 되리라. 폭군을 흔들어 쓰러뜨리라고 충고하는 게 아니다. 단지 폭군을 지지하는 것만을 그만두라. 그러면 토대가 허물어진 거대한 동상처럼 폭군이 스스로의 무게를 못 이겨 무너지고 가루가 돼버리는 모습을 목격하게 되리라."[132]

라보에티의 주장은 18세기 영국의 아나키스트인 고드윈(William Godwin)에 의해 반복됐다. 그는 《정치적 정의론》에서 인민이 복종하

---

132 라보에티, 《자발적 복종》

지 않으면 정의롭지 못한 정부와 자유를 침해하고 종속을 강요하는 정치구조는 붕괴한다고 주장했다.[133] 그러면서 고드윈은 폭력이 배제된 혁명이 정의롭지 못한 정부를 안락사시킬 것이고, 폭력적인 수단은 "파멸이 코앞에 닥친 극도로 절박한 상황임이 분명할 때"에만 사용해야 한다고 말했다.[134] 고드윈의 사상은 그의 사위가 된 시인 셸리를 비롯한 많은 19세기 지식인에게 전해졌다. 그러나 소로가 그들의 글을 읽었는지는 명확하지 않다.

그리스로마의 고전에 정통한 소로는 소포클레스의 《안티고네》로 대변되는 전통, 즉 양심에 따라 악법에 저항하는 사상적 전통에 공감했던 것이 틀림없다. 그는 예수 그리스도도 그러한 정의로운 반항자로 보았는데, 이런 그의 견해는 《존 브라운 대장을 위한 변호》를 비롯한 그의 여러 저작에 표현돼 있다. 소로에게서 분명히 나타나는 퀘이커교적인 정신도 이와 동일한 것이다.

《매사추세츠의 자연사》에서와 마찬가지로 《시민저항》에서도 소로는 정부와 관계를 끊겠다는 극단적인 태도를 취했다. 자신은 정부에 대해 관심이 없고, 정부와 관련되는 것은 치욕이며, 노예를 두는 정부는 자신의 정부로 인정할 수 없다는 이유에서였다.[135] 그는 대신 자연에 몰입하고 자연 속에서 자신의 전체적 통일성을 유지하려고 노력했다. 그러나 미국의 정부는 노예제를 계속 유지했고, 멕시코를 침략하

---

133 Steven Duncan Huxley, Constitutional Insurgency in Finland: Finnish Passive Resistance against Russification as a Case of Nonmilitary Struggle in European Resistance Tradition(Finnish Historical Society, 1990), p. 26.

134 George Woodcock, Anarchism(Pelican, 1963), p. 74.

135 《케이프코드와 논문》, p. 360.

는 전쟁을 벌였다. 소로는 정부의 도덕화가 이루어지기는커녕 자기 자신이 정부가 저지르는 악의 공모자가 돼버렸다는 자각을 하지 않을 수 없었다. 그래서 그는 비록 하룻밤이기는 하지만 투옥되기도 했고, 자연에 몰입하는 생활도 포기하지 않을 수 없었다.

자연에 몰입하고자 한 소로와 같은 사람이 정부와 관련되는 것은 1년에 한 번 돌아오는 납세기간 때뿐이었고, 정부와의 절연을 표현하는 유일한 방법은 그 기간에 납세를 거부하는 것이었다. 소로가 거부한 세금은 공공도로 같은 것에 부과되는 세금이 아니라 인두세였다. 그리고 그의 인두세 거부는 정부에 대한 지지를 철회하고, 노예소유자의 편을 들기를 거부하는 행위였다. 즉 그것은 노예제의 폐지를 주장하는 행위와 다름없었다. 몰수당할 재산을 갖고 있지 않았던 그는 투옥될 수밖에 없었다. 그러나 그는 정의롭지 못한 정부가 지배하는 나라에서 정의로운 사람이 있어야 할 곳은 감옥이라고 생각했다. 그래서 에머슨이 그에게 "왜 거기에 있느냐"라고 물었을 때 "당신은 왜 여기에 있지 않느냐"라고 반문했던 것이다.[136]

소로는 그러나 정부에 대한 기대를 버리지는 않았다. 그는 자신이 납세를 거부하고 친구인 세리가 사직하는 등 피통치자가 복종을 거부하면 혁명이 가능하다고 믿었다. 그가 생각한 혁명은 단순한 정치혁명이 아니라 개인의 도덕적 변혁을 매개로 하는 도덕적인 정치변혁이었다. 그리고 그러한 혁명은 피통치자인 인민이 각자 자신의 전체적 통일성을 유지해야만 가능하며, 그러한 인민이 각자 자기혁명을 이루

136 Walter Harding, Variorum Civil Disobedience(1967), pp. 12~18.

면 정부의 변혁도 가능하다고 그는 생각했다. 그러나 그는 인민의 자기혁명이 정부의 변혁으로 이어지는 과정에 대해서는 아무런 관심도 없었고, 이 때문에 결국 변혁에 대한 그의 논의는 독선적인 것에 그칠 수밖에 없었다.

도망노예법

1848년에 에머슨이 귀국하자 그의 집에 있던 소로는 아버지의 집으로 거처를 옮겼다. 이때도 그는 인적이 없는 곳에서 산책하기를 즐겼다. 그는 보다 과학적으로 자연을 관찰하기 시작했지만 과학과 관련된 협회에 가입하지는 않았다. 그는 신비주의자, 초월주의자, 자연철학자를 자처했다. 그는 신성한 고독을 사랑했고, 자연이 자신의 서재라고 말했다. 그는 이웃에게 동식물에 관한 이야기를 해주기를 좋아했지만 결코 이웃과 함께 산책하지는 않았다.

소로는 1849년 5월에 《콩코드와 메리맥 강의 일주일》을 출판했다. 그러나 앞에서도 말했듯이 이 책은 거의 팔리지 않아 대부분이 그의 개인장서로 남았다. 이즈음에 소로는 아버지의 연필제조 사업을 개선하는 등 그 사업을 돕기도 했다. 친구들은 이제야 소로에게 운명의 문이 열렸다면서 축하했지만 정작 그 자신은 두 번 다시 같은 일을 하기 싫다면서 그 일을 그만뒀다.

소로는 1849년 10월에 채닝과 함께 케이프코드를 처음으로 여행했고, 1850년에 케이프코드의 난파선에 관한 강연을 했다. 그는 1850

년 6월에 케이프코드를 다시 여행했고, 9월에는 역시 채닝과 함께 캐나다를 여행했다. 이어 1851년부터는 매사추세츠 주 안에서 작은 규모의 여행을 자주 했고, 1852년에는 채닝과 함께 모나드노크 산을 올랐다. 이미 대가로 대접받게 된 에머슨은 여전히 방랑아인 소로를 내켜 하지 않게 됐다. 소로 역시 에머슨의 모방자로 불리는 것이 싫었다. 이제 두 사람은 감정적으로 서로 대립하기 시작했다.

1850년에는 도망노예법이 개정되어 도망노예가 종래보다 훨씬 많은 액수인 1천 달러의 벌금형을 받게 됐다. 이 법은 원래 1793년에 제정됐지만 그동안 북부에서는 사문화됐던 것이었다. 그런데 이 해에 이 법이 개정되면서 되살아났다. 개정된 법은 도망노예에게는 배심재판을 받을 기회를 허용하지 않으며 도망노예를 도와준 자는 엄벌에 처한다는 등의 내용을 담고 있었다. 에머슨을 비롯해 많은 사람이 인간의 양심에 반한다는 이유로 이 법에 반대했다. 북부에서는 도망친 흑인노예에게 은신처를 제공해주는 지하조직이 강화되기도 했다. 그리고 개정된 도망노예법의 첫 적용대상이 된 샤드래크 민킨스라는 이름의 도망노예는 노예폐지론자 등의 도움을 받아 캐나다로 도망쳐서 자유를 얻었다.

1851년 4월에 토머스 심스라는 이름의 노예가 도망치다가 체포되어 조지아 주로 송환됐다. 소로는 이 사건으로 인해 남북전쟁이 일어날 것으로 예상했다(실제로 남북전쟁이 일어난 것은 이때로부터 10년 뒤다). 《일기》에서 소로는 붙잡힌 심스를 조지아 주로 넘긴 매사추세츠 주지사를 인간이 아니라고 비난했고, 보스턴의 시민들이 그 주지사에게 협력한 점에 대해서도 비판했다. 3백만 명이나 되는 흑인노예를 두고 있는 나라가 1775년의 독립전쟁 기념일에 해방을 자축할 수 있느냐고도 했다. 그는 개인이든 전체 국민이든 인간에 대해 고의로 정의롭지 못한 일을 저지른다면 그 일이 아무리 작은 것이라 해도 죄를 짓는 것이라고 주장하면서 "도망노예법은 인간을 소시지로 만드는 법"이라고 비난했다. 그리고 그런 법에 찬성한 교회에는 더 이상 다니지 말아야 하는 것은 물론이고 그런 법이 통과되는 데 교회보다 더 많이 기여한 신문도 구독하지 말아야 한다고 했다. 그는 신문 편집자만큼 강력한 압제자는 없다고 주장하기도 했다.

그러나 소로는 이와 같은 자신의 생각을 《일기》에만 피력했을 뿐 글로 써서 발표하지 않았고 그런 내용의 강연도 하지 않았다. 대신 그는 자연연구에 몰두했다. 그러면서도 소로는 1851년 9월에 헨리 윌리엄스라는 이름의 도망노예를 적극적으로 도왔다.

그 해에 소로는 1850년에 한 캐나다 여행의 경험을 기록한 《캐나다의 어느 미국인(A Yankee in Canada)》이라는 글을 〈퍼트넘스 매거진〉에 발표해 영국 정부가 캐나다에서 군사훈련을 하고 있는 데 대해 비판했다. 이것은 《월든》과 《시민저항》에서 그가 펼친 대중에 대한 비판, 군대에 대한 비판과 같은 맥락의 비판이었다.

지식인들의 노예관

소로의 노예관을 살펴보기 전에 당시의 지식인들이 노예제에 대해 어떻게 생각했는지를 먼저 살펴보자. 그러면 소로의 입장을 보다 정확히 파악할 수 있을 것이다. 민족주의의 입장에 선 당시 미국의 지식인들 대부분은 노예제를 문제시하지 않았다. 그 이유는 크게 보아 세 가지로 나뉜다.

첫째, 당시의 지식인들 대부분은 역사상 노예가 없는 사회는 없었다고 생각했다. 고대에는 전리품으로서의 노예가 있었고, 농업국가에는 농노가 있었고, 자본주의국가에는 임금노예가 생겨났듯이 어느 사회를 막론하고 그 발전단계에 따라 노예가 존재하기 마련이라고 그들은 생각했다. 그러므로 흑인노예 역시 인정하지 않을 수 없다는 것이 그들 사이에 상식으로 통하는 역사관이었다. 노예주들은 당연히 이런 역사관을 환영했다.

둘째, 그들은 인종 간 또는 민족 간에는 차이가 존재한다고 생각했다. 예컨대 그들은 흑인종이나 황인종(인디언)은 육체는 강인하나 두뇌는 열등한 인종이며 애초부터 피지배 인종으로 창조됐기 때문에 지배를 받아야만 행복할 수 있다고 주장했다. 이는 물론 터무니없는 독단이었다. 그러나 백인 대중은 이런 주장을 그대로 수용했다. 그래서 백인 대중은 흑인종과 황인종의 피부색에서 혐오감을 느꼈고, 그 강인한 육체에서는 위협과 공포감을 느꼈다. 무엇보다 노예노동이 가져다주는 경제적 이익은 거부할 수 없는 달콤한 유혹이었다.

셋째, 그들은 노예에 대해 의도적으로 잘못된 정보, 미화된 정보를 유포했다. 가령 노예는 관대한 주인을 깊이 사랑하고 존경하며 노예생활에 만족할 뿐만 아니라 행복하게 살고 있다는 식의 정보였다.[137]

소설과 영화로 널리 알려진 《모히칸족의 최후》를 쓴 제임스 쿠퍼도 미국 남부의 노예가 유럽의 월급생활자에 못지않다고 썼다. 노예제의 폐지를 주장한 지식인들이 내세운 논리에도 문제가 많았다. 가령 힌턴 헬퍼는 흑인의 노예노동이 백인의 자유노동보다 경제적 유효성이 크기 때문에 노예를 소유한 농장주의 부를 증가시키지만 궁극적으로는 바로 그 때문에 공업화와 경제발전을 저해한다는 이유에서 노예제에 반대했다. 경제적인 측면에서 노예제를 바라본 이런 논리는 흑인노예는 물론이고 백인노동자도 인간이 아닌 기계나 가축처럼 여긴 것이었다고 비판하지 않을 수 없다. '자유의 시인'으로 불리는 월트 휘트먼도 유색인종과 섞이는 것을 싫어했다.

남부의 기후, 풍토, 전염병에 취약한 백인과 달리 흑인은 그런 것들을 잘 견뎌내는 강인한 체력을 가졌다. 그래서 백인은 흑인에게 육체적 열등감을 느꼈다. 흑인은 유령을 봐도 놀라지 않을 것처럼 무신경하고 태연자약했다. 게다가 그들은 유쾌하고 낙관적이었다. 백인은 그런 그들이 단결해 광포한 반란을 일으킬지도 모른다는 두려움에 사로잡혔다. 흑인에 대한 열등감과 공포심은 피부색에 대한 편견과 함께 백인 지식인층뿐 아니라 정치가와 일반대중에게도 널리 퍼졌다. 더구나 노예제에 대한 반대는 연방의 해체와 남북전쟁을 초래할 수 있다는 우려까지 더해져 섣불리 노예제에 반대하기가 어려웠다.

게다가 남부의 노예제는 연방제가 수립되기 전부터 존재해온 것

---

137 Edward Halsey Foster, The Civilized Wilderness: Backgrounds to American Romantic Literature, 1817~1860(The Free Press, 1975), pp. 150~151.

이므로 북부에서 개입할 문제가 아니라 남부의 고유한 문제라는 견해가 널리 퍼져 있었다. 당시의 언론과 출판계도 대중의 기호에 영합해 대부분 노예제를 유지하는 데 찬성했다. 이런 상황에 대해 소로는 "다수파가 노예제의 폐지에 표를 던진다고 해도 그것은 그들이 그것에 무관심한 탓이거나 그 표로 해방될 노예가 거의 없기 때문일 것"이라고 절망적인 견해를 내비쳤다.

당시에 적극적으로 노예제 반대론을 편 인물 중에 퀘이커교도이자 시인인 존 그린리프 휘티어가 있었다. 그가 노예제에 반대한 것은 당시의 미국사회가 퀘이커교도를 천민으로 취급한 데 대한 반발이라는 설도 있다. 물론 그러한 점이 그의 노예제 반대에 하나의 배경이 됐을 수는 있다. 그러나 그를 비롯한 당시의 퀘이커교도는 성경, 헌법, 독립선언의 정신, 다시 말해 보편적인 사랑, 만인에 대한 배려, 공통의 이해관계에 대한 존중, 인간성에 근거한 평화주의를 바탕으로 노예제에 반대했다고 봐야 한다. 그들은 노예제가 폐지되면 자유로워진 흑인이 보복하려 들 것이라는 주장에 대한 반박으로 당시 산도밍고 섬에서 해방을 쟁취한 노예들을 예로 들어 그렇지 않을 것이라고 주장했다.

이 점에서 그들은 소로와 같은 견해를 갖고 있었다. 그러나 방법론에서는 차이를 보였다. 소로와 달리 그들은 의회주의를 존중했고, 설사 부정한 법이 있더라도 그것을 바로 파괴해서는 안 되고 언론을 통해 여론을 변화시켜 그 법이 개정되도록 해야 한다는 입장을 취했다. 그럼에도 불구하고 그들은 광신자 또는 불온한 선동분자 취급을 받았다. 그러니 소로에 대한 여론은 어떠했을지 짐작이 된다.

소로의 노예관

소로의 노예관에 대해 본격적으로 이야기하기 전에 그의 전반적인 사상을 다시 정리해보자. 소로에게 자연은 인간의 내면 그 자체였다. 때로는 외계를 관찰함으로써, 때로는 내면을 명상함으로써 세계가 창조된 법칙과 참된 인간의 법칙을 자각하고 그런 법칙에 따라 사는 것이 그의 이상이었다.

어떠한 속박도 받지 않고 자유롭게 그런 참된 인간의 삶을 탐구하고 실천할 권리야말로 소로가 수호하려는 기본적 인권이었다. 그는 그것을 도덕적 자유라고도 말했다. 그러한 기본적 인권, 도덕적 자유를 허락하지 않는 부정한 법에 대항해 투쟁하는 것은 소로에게는 당연한 일이었다.

소로는 참된 인간의 삶과 노예제를 각각 수련과 수련이 사는 더러운 연못에 비유했다. 여기서 더러운 연못은 인간이 따라야 할 법칙을 모르는 채 사회의 인습, 관습, 가치관을 맹목적으로 받아들이는 사람들이나 그러한 환경을 뜻하고, 수련은 인간이 따라야 할 법칙을 발견한 사람들이나 그러한 환경을 상징한다. 이러한 생각의 밑바탕에는 모든 인간이 수련과 같은 존재가 될 가능성을 갖고 있다는 확신이 깔려 있었다.

"노예제나 그에 대한 굴종이 인간의 감각을 매혹하는 감미로운 향기를 가진 꽃을 매년 피우지는 않는다. 왜냐하면 그것에는 참된 생명이 없기 때문이다. 그것이 뿜어내는 것은 인간의 건전한 후각을 훼손하는 부패와 죽음의 냄새뿐이다. (…) 살아있는 자로 하여금 그것을 매장하게 하라. 그래도 비료 정도는 될지 모른다."[138]

노예제와 그것에 대한 굴종은 인간의 존재의미를 전면적으로 부정하는 것이라고 소로는 단언했다. 노예에게는 혼이 없고 육체만 있다고 간주하는 노예제는 그가 볼 때 인간이 만든 제도이지 신의 의도와는 상반되는 것이었다. 노예제에 대한 소로의 반대는 경제적인 논리에 의한 것이 아니었다. 그는 자신이 추구하는 인간존재의 원리적 이유에 근거를 두고 노예제에 반대했다.

자기확신이 없고 양심을 상실한 사람들이 다수가 되어 지지하는 정부만이 노예제를 인정할 것이라고 소로는 생각했다. 그렇다면 그 정부는 인간의 도구가 아니라 인간을 도구로 삼는 존재였다. 매사추세츠주의 병력이 '버지니아 주 출신의 노예주 아무개의 뜻에 따라 그가 재산이라고 부르는 한 남자를 체포하기 위한 사병'으로 변한 현실이 보여주듯이 그런 정부의 정책은 도덕에도 도의에도 맞지 않고, 어떠한 도덕적 권리도 보장할 수 없으며, 단지 무엇이 편한 것인지만을 생각한 결과일 뿐이라고 소로는 비판했다.[139]

소로가 보기에 정부가 휘두를 수 있는 최대의 무기인 법원도 예외가 아니었다. 법원의 재판관들은 법의 정신이 무엇인지를 제대로 알지

138 《케이프코드와 논문》, p. 408.
139 《케이프코드와 논문》, pp. 402~403.

도 못한 채 미국이라는 이름의 노예선이 4백만 명에 이르는 흑인노예를 질식당하는 상태로 방치하고 있다고 그는 주장했다.[140]

법이 인간의 양심보다 우선이라는 고정관념은 '부자를 부자로 만든 제도'에 대해 부자가 갖고 있는 가치관으로 뒷받침되고 있다고 소로는 지적했다. 타인의 양심뿐 아니라 자신의 양심도 짓밟는 그러한 가치관은 개인적인 재산축적을 위해 정부를 이용하려고 하는 부자의 편의주의에서 연유한 것이었다. 따라서 부자의 노예가 되지 않고 자신의 양심에 따라 살려고 하는 사람은 자신을 정부에 연결시키는 부로부터 가능한 한 멀리 떨어져서 가능한 한 가난하게 살아야 하며, 그렇게 하기 위해 자신의 주변을 정리해야 한다고 소로는 말했다.

정치를 불신한 소로는 '도덕적 색채가 전혀 없는' 서양장기와 전혀 다를 바 없는 선거로 이루어지는 대의민주주의를 정치개혁의 최종 목적지라고 생각해야 하는지 의심했다. 그리고 그는 개인의 양심을 짓밟거나 인간을 인간 이하의 존재로 보는 정부에는 충성을 하지 말아야 한다고 주장했다. 그는 자신의 이런 말을 몸소 실천하려고 하다가 감옥에 갇히게 됐던 것이다.

매사추세츠 주의 노예제 반대운동

1854년에 도망노예 앤서니 번스가 체포되자 많은 사람들이 항의집회

---

140 《일기》, 1851년 8월 29일.

를 열고 법원의 문을 파괴해 번스를 구출하려고 했다. 결국 번스는 남부로 보내졌지만, 이 사건을 계기로 매사추세츠 주의회는 인신보호법을 제정했고, 법원장은 파면되는 동시에 하버드 법대의 수업을 거부당했으며 그의 교수 발령도 취소됐다.

번스 사건을 다루는 법원과 판사의 태도에 분노한 소로는 주지사를 비롯한 지배계층에 격렬한 비난을 퍼부었다. 이 사건을 보고 정부가 인류의 법을 따르지 않고 남부 노예주들 및 그들과 유착한 북부 정치인들의 편의주의에 따르고 있다고 생각하게 된 소로는 정부와의 관계를 끊고 살 것인가, 아니면 정부에 대항해 싸울 것인가를 결정하지 않을 수 없었고, 통치하지 않는 정부가 가장 좋은 정부라는 확신을 갖게 됐다.

소로는 '생활을 더욱 가치 있게 만드는 정부'는 좋은 정부이고 '생활의 가치를 감소시키는 정부'는 나쁜 정부라고 규정하고 당시 미국의 정부를 '나쁜 정부', '지옥', '악마'로 지칭했다. 악의 현실에 등을 돌리고 자연에 몰입하려고 하던 그의 태도가 이즈음에 변하기 시작했다. 그는 이제 통치자에게도 피통치자에게도 아무런 원칙이 없는 세상에서는 자연에만 몰입해 있을 수가 없다고 생각했다. 정치가의 부패를 상기하는 것만으로도 산책이 더럽혀지고 자연관찰이 무의미해졌다.

1854년 7월에 매사추세츠 주의 프레이밍햄에서 노예제에 반대하는 집회가 열렸다. 노예제 폐지운동가인 로이드 개리슨이 미국의 헌법을 불태운 이 집회에서 소로는 분노의 연설을 했다. '매사추세츠의 노예제'라는 제목의 이 연설은 곧바로 책으로 출판됐다. 연설에서 그는 번스 사건에 대해 무관심한 민중, 여론, 신문, 법원, 주지사, 군인 등에 대한 불신감을 드러내면서 그들이 헌법보다 높은 법칙에 근거를 두는 선례를 만들려고 하지 않는다고 비난했다. 그는 권력자들에게 헌법보다 높은 법칙을 따르는 정의로운 사람이 되라고 요구한 뒤 권력자들이 이런 요구에 응하지 않는다면 관리들과 민중이 그들에게 복종하기를 거부해야 한다고 주장했다. 그동안 철저히 개인주의적인 태도를 보이던 그가 이 연설에서는 적극적인 저항의 태도를 취했다.

물론 그는 강연을 끝낸 뒤에는 다시 자연으로 돌아갔고, 전과 다름없이 비정치적인 시민 개인의 입장을 고수했다. 그러나 민중에 대한 멸시를 내비치곤 하던 그동안의 태도에 변화가 일어났다. 그는 이제 민중의 모임을 '진정한 집회'라고 평가하기 시작했고 피켓시위, 법원에 대한 습격, 도망노예 보호와 같은 민중의 적극적 행동을 정당한 것으로 인정했다. 이는 납세를 거부하고 관리의 사퇴를 주장하던 종전의 태도에 비해 훨씬 적극적인 태도였다. 나아가 그는 보다 더 적극적인 행동을 위해 자연몰입을 중단했다. 더러운 정치가 자연도 더럽게 만든다고 본 그는 전력을 투구해 정치와 대결해야 한다고 생각한 것이다. 그러나 자연의 순결이 그러한 대결을 더욱 분명하게 만든다는 생각에서 자연의 의미 자체를 부정하지는 않았다.

1854년 8월에 《월든》이 출판됐다. 판매는 지지부진했다. 초판으로 찍은 2천 부가 모두 다 팔리기까지 몇 년이 걸렸다. 그래도 이전에 출판된 《일주일》이 거의 팔리지 않은 것에 비하면 나았다. 이즈음에 그는 병색이 완연했다. 폐결핵이었다. 몸이 좋지 않은 그는 측량 일을 중단했다. 《일기》를 쓰는 횟수도 현저히 줄어들었다. 그러나 자연에 대한 열정은 여전히 뜨거웠다. 야생의 삶을 그리워한 그는 7월에 2주간 케이프코드에 체류했다.

1856년 가을에 소로는 올코트의 소개로 휘트먼을 만났다. 위선으로 가득한 정치를 비판적으로 바라보던 두 사람은 여러 측면에서 서로 잘 맞는 편이었다.[141] 다만 소로는 육체와 성을 예찬하는 휘트먼의 태도는 그리 좋게 보지 않았다. 1857년에 건강이 조금 회복되자 소로는 측량 일을 다시 시작했다. 그리고 케이프코드와 메인 숲을 방문해 인디언을 만나기도 했다. 이 해에 그는 새로 창간된 잡지 〈애틀랜틱 리뷰〉에 글을 한 편 기고했다가 글의 일부를 일방적으로 삭제당했다. 이일로 그는 〈애틀랜틱 리뷰〉의 편집장인 제임스 로웰과 단교했다. 1858년에는 병으로 더 이상 일하기 힘들어진 아버지를 대신해 연필사업을 운영했다. 그리고 같은 해 6월에는 모나드노크 산, 9월에는 케이프코드를 다시 방문했다. 이듬해 2월에는 극진한 간호에도 불구하고 아버지가 돌아가셨다. 소로는 별안간 가장이 됐다.

《존 브라운 대장을 위한 변호》

1857년에 소로는 저널리스트이자 작가인 프랭클린 벤저민 샌본의 집에서 존 브라운과 처음으로 만났다. 백인으로 노예해방 운동에 앞장선

---

141 소로와 휘트먼의 만남은 현대 미국의 소설가인 폴 오스터(Paul Auster)의 '뉴욕 3부작(The New York Trilogy)' 가운데 두 번째 작품인 《유령들》(Ghosts, 1986)의 소재가 됐다.

인물인 브라운이 모금을 하기 위해 콩코드를 방문했다가 소로를 만나게 된 것이다. 브라운은 2년 뒤인 1959년에도 강연을 하러 콩코드를 방문했다. 소로는 그에게서 깊은 감동을 받았다.

1800년에 코네티컷 주에서 태어난 브라운은 측량, 농업, 양치기, 무두질 등 여러 직업에 종사했지만 돈벌이에는 영 재주가 없었다. 어린 시절부터 노예제를 혐오하던 그는 1849년에 북부의 사업가 게릿 스미스가 세운 흑인공동체에서 살다가 1955년에 가족과 함께 노예제에 대한 찬성론자들과 폐지론자들이 팽팽히 맞서고 있는 캔자스 주로 이사했고, 거기에서 유격대를 조직하고 본격적으로 노예제 폐지운동에 참여했다. 1856년 5월에 노예제에 찬성하는 사람들이 로렌스 시를 습격해서 북부에서 온 노예제 폐지론자들을 살해하는 사건이 일어났다. 분노한 브라운은 추종자들을 이끌고 포타와토미로 가서 노예제 지지자 5명을 살해했다.

1859년 10월에 브라운은 미국의 역사를 크게 바꾸는 사건을 일으켰다. 백인 16명과 흑인 5명으로 구성된 결사대를 이끌고 웨스트버지니아 주의 하퍼스페리에 있는 연방무기고를 습격한 것이다. 그 목적은 연방무기고에서 빼앗은 무기를 이용해 노예반란을 일으키고 노예해방군을 조직하는 것이었다. 손쉽게 무기고를 점령한 브라운은 각성한 노예들이 자발적으로 반란에 참여하기를 기대했으나 그렇게 되지 않았다. 브라운은 무기고를 점령한 지 단 하루 만에 로버트 리 대령이 이끄는 군대의 공격을 받고 생포됐다. 그리고 재판에서 살인과 반역의 죄로 사형을 언도받았다. 이 사건은 노예제에 찬성하는 측과 반대하는 측 모두를 자극했고, 얼마 뒤에 남북전쟁을 일으키는 도화선이 됐다.

존 브라운에 대한 평가는 극명하게 양분됐다. 노예제에 찬성하는 이들은 그를 야만적이고 과격한 미치광이라고 부르며 비난했고, 노예제에 반대하는 이들은 그를 평등을 위해 목숨을 바친 위대한 순교자라고 부르며 찬양했다. 소로는 후자에 속했다. 그는 브라운을 소박하고 솔직하며 믿음이 두터운 사람이자 보기 드물게 상식이 풍부할 뿐 아니라 초월주의적인 이상과 신념을 가진 사람이라고 평했다.[142] 그리고 4백만 노예를 구속하는 악정에 맞서 목숨을 바친 그야말로 진정으로 영웅적인 노예해방론자라고 믿었다.

"그는 이상을 자신의 육체적 생명보다도 상위에 두었다. 그는 불공평한 인간의 법을 인정하지 않고 하늘이 명하는 대로 인위적인 법에 저항했다. (…) 미국인 중에서 누구도 그처럼 인간의 존엄성을 위해 집요하고도 효과적으로 일어선 자는 없었다."[143]

소로는 브라운을 광인이니 악인이니 하며 비난하는 사람들이야말로 비난받아 마땅하다고 주장했다. 그는 스스로 기독교를 믿는다면서 하루에 수백만 명의 그리스도를 십자가에 매다는 정부는 도대체 무엇이냐고 반문한 뒤 그리스도가 살아 돌아온다면 브라운처럼 행동했을 것이라고 주장했다.

....
142 《케이프코드와 논문》, p. 412~413.
143 《케이프코드와 논문》, pp. 424~425.

"지금의 정부 아래서 정의로운 인간이 있어야 할 참된 장소는 감옥이다. 자유로우며 결코 좌절하지 않는 정신을 가진 사람을 위해 매사추세츠 주가 준비해놓은 가장 적절하고도 유일한 장소는 감옥이다."[144]

10월 30일에 소로는 콩코드에서 존 브라운 대장을 변호하는 연설을 했다. 그는 미국정부가 양심을 버리고 인명을 빼앗았다고 비판했다. 그는 미세한 사항만을 규정할 수 있는 법률가가 말도 안 되는 법률을 만들고 그런 법률에 휘둘려 절반은 노예의 나라가 된 미국에서는 참된 정의를 기대할 수 없다고 주장했다. 그리고 그런 조국의 현실을 직시하고 분연히 일어선 브라운의 용기는 결국 사람들을 각성시켜 그들의 심장을 고동치게 만들 것이라고 했다.

소로의 동료인 올코트를 포함한 노예제 폐지론자들도 그런 연설을 하는 것은 시기상조라면서 만류했으나 소로는 연설을 강행했다. 이 연설은 브라운을 비난하는 여론이 지배적인 상황에서 그를 처음으로 변호한 연설이었다. 이 연설을 보면 소로는 그동안 자신이 고수해온 소극적인 저항주의를 포기한 것이 분명했다. 그는 중요한 것은 무장봉기 그 자체가 아니라 무장봉기의 정신적 측면이라고 말하면서 노예해방의 정신과 실천을 일치시킨 브라운의 혁명적 태도를 높이 평가했다. 그리고 정부의 압제에 대항해 실력봉기가 일어날 가능성이 커지는 데 대해서도 노예를 구하기 위해 노예소유자에게 실력으로 간섭하는 것

---

144 《케이프코드와 논문》, p. 370.

은 정당한 권리의 행사라고 주장했다. 이 연설 이후에도 소로는 브라운에 대한 강연이라면 어디에서든 하겠다는 의욕을 보였고, 같은 내용의 강연을 몇 번이나 되풀이했다.

12월 2일에 브라운이 처형됐다. 탈주의 기회도 있었지만 브라운은 자신이 죽는 것이 자유를 위해 유익하다는 이유로 기꺼이 죽음을 맞았다. 소로를 비롯한 여러 사람들이 그를 추모하는 집회를 보스턴에서 열었다. 다른 한편에서는 그 집회에 반대하는 사람들이 별도의 집회를 열고 브라운의 초상화를 불태웠다. 소로는 추모집회에서 《존 브라운의 죽음 이후》라는 추도문을 읽었다.

이듬해인 1860년에 소로는 〈하퍼스페리의 메아리〉에 《존 브라운 대장을 위한 기도》, 《해방자》, 《존 브라운의 마지막 나날》을 발표해 브라운을 추모했다.

폭력적 저항과 비폭력적 저항

《시민저항》은 《매사추세츠의 노예제》, 《존 브라운 대장을 위한 변호》와 함께 소로의 노예제 관련 3부작을 이룬다. 그런데 소로는 《시민저항》에서는 비폭력적 저항을 주장하고 《존 브라운 대장을 위한 변호》에서는 폭력적 저항을 주장한 것처럼 보인다. 두 가지 입장을 차례로 살펴보자.

"만일 올해 천 명이 세금을 내지 않는다고 해도 그런 행동은 거둬들인 세금으로 폭력을 행사하여 무고한 피를 흘리게 하는 국가의 행동만큼 폭력적이고 유혈적인 것은 아니리라. 평화혁명이 가능하다면 바로 이것이야말로 평화혁명의 정의다."(《시민저항》에서)

"인간은 노예소유자에게 완력을 행사해 그로부터 노예를 구할 권리가 있다는 것이 브라운의 독특한 주장이었다. 나는 그에게 찬성한다. 노예제에 의해 끝없이 충격을 받고 있는 사람들은 노예소유주의 돌연한 죽음에 의해 충격을 받을 권리를 어느 정도는 갖고 있다."(《존 브라운 대장을 위한 변호》에서)

이처럼 《시민저항》에서는 평화혁명을 주장하면서 그 구체적인 방법으로 납세거부를 제시했고, 《존 브라운 대장을 위한 변호》에서는 무기를 사용한 폭력적 저항의 당위성을 적극적으로 인정했다. 이렇게 상반된 소로의 태도를 어떻게 이해해야 할 것인가?

이에 대해서는 여러 가지 견해가 있다. 그 중 한 가지 견해는 정신분석학적 측면에서 접근한다. 즉 소로는 무의식의 영역에서 오이디푸스 콤플렉스의 지배를 받고 있었기에 브라운에게서 강력한 부친상을 찾아 그것과 자신을 동일시하면서 브라운의 폭동을 정당화했다는 것이다.[145] 또 다른 견해는 소로의 우유부단한 성격이나 사상에서 그의 상반된 두 가지 태도가 나온 것이라고 주장한다. 이런 견해에 따르면 소로는 자신이 추구하던 초월성을 브라운에게서 확인하고 자신과 브

....
[145] Carl Bode ed., Portable Thoreau(Viking Press, 1947), pp. 690~694.

라운을 동일시했다는 것이다.[146]

　한편 진보적인 역사학자이자 노동변호사로서 1960년대의 민권운동에 앞장섰던 스토턴 린드는 정치행동 패턴의 관점에서 설명한다. 그는 상반돼 보이는 소로의 태도가 사실은 일관된 것이었다고 말한다. 소로는 민중이 개혁의 가능성에 눈뜨게 하기 위해 월든으로 들어가 생활했던 것과 마찬가지로 민중이 브라운의 정의로움에 눈뜨게 하기 위해 행동에 나서면서 폭력적 저항의 당위성을 주장했다는 것이다. 그런가 하면 소로의 상반된 태도는 소로의 사상이 지닌 이원성과 관련이 있는 일종의 철학적이고 전략적인 유연성이라고 설명하는 견해도 있다.[147]

　이 밖에 소로가 무기의 사용을 인정하게 된 것은 그의 사상적 발전이라고 보는 견해,[148] 《시민저항》에 나오는 '절대적 선'은 곧 '신의 법'이며 《존 브라운 대장을 위한 변호》의 무력사용 인정은 '신의 법'에 따른다는 것이므로 두 글은 모순이 아니라고 보는 견해,[149] 소로는 혁명을 인정한 제퍼슨의 입장을 두 작품 모두에서 수용했으므로 모순이 없다는 견해 등이 있다.

　하지만 나는 소로가 1850년에 도망노예법이 의회를 통과한 데서

....

146 Richard Schneider, Henry David Thoreau(Twayne, 1987), pp. 138~142.

147 '우리 시대의 소로(Thoreau in Our Season)'라는 제목으로 1962년에 발간된 〈매사추세츠 리뷰(Massachusetts Review)〉 특집호에 실린 존 힉스(John H. Hicks)의 글. 이 글은 나중에 책으로도 출판됐다. John H. Hicks, Thoreau in Our Season(Amherst University of Massachusetts Press, 1966).

148 같은 잡지에 실린 트루먼 넬슨(Truman Nelson)의 글 '소로와 존 브라운(Thoreau and John Brown)'을 보라.

149 James Durban, 'Conscience and Consciousness: The Liberal Christian Context of Thoreau's Political Ethics', American Literature 60:2, June, 1987, 208~222.

큰 충격을 받아 비폭력주의에서 폭력주의로 돌아섰다고 생각한다. 그는 자신이 도움을 준 도망노예 토머스 심스와 앤서니 번스가 각각 1851년과 1854년에 체포된 사실에서도 충격을 받았던 게 틀림없다. 그는 《시민저항》을 쓴 시점과 《존 브라운 대장을 위한 변호》를 쓴 시점 사이에 《매사추세츠의 노예제》를 썼는데, 이 글에서 그는 도망노예법을 저주하고 그 법을 지지한 보스턴의 여러 신문을 규탄했다. 그는 '개혁자의 무기'였던 신문이 '노예제 자체보다 더한 노예근성'을 발휘하는 타락한 모습을 보였다고 비판했다.

《시민저항》, 《매사추세츠의 노예제》, 《존 브라운 대장을 위한 변호》 등 세 개의 글에 걸쳐 나타난 변화는 소로의 모순을 드러내는 것이라기보다는 시대의 변화에 따른 소로의 발전을 반영하는 것으로 보는 게 옳을 것이다. 다시 말해 국가가 점점 더 많이 타락해감에 따라 소로의 저항도 점점 더 강렬하게 변해간 것이다. 그리고 세 개의 글 모두가 악법을 비판하고 독립혁명의 정신, 즉 영국에 대한 독립혁명기 미국의 저항정신을 계승했다는 공통점을 갖고 있다는 점에 유의할 필요가 있다.

《원칙 없는 생활》

우리나라에서는 그동안 그리 주목받지 못한 소로의 에세이 가운데 내가 가장 좋아하는 것은 《원칙 없는 생활》이다. 이 글은 그가 생애의 마지막까지 퇴고한 것으로, 그가 죽은 지 1년 뒤에 〈애틀랜틱 먼슬리〉에 발표됐다. 소로는 1851년부터 1855년까지 쓴 일기에서 주로 소재를 뽑아 이 글을 썼다. 이 글에는 그의 사상이 매우 솔직하게 서술돼 있으며, 그 내용은 《월든》의 1장 '경제'나 2장 '내가 사는 곳, 그리고 사는 목적'에 담긴 그의 중심적인 사상을 발전시킨 것이라고 할 수 있다.

《원칙 없는 생활》에서 소로는 황금을 찾아 미쳐 날뛰고 유행에 환장한 당시의 풍조를 유머러스하게 풍자하면서 자신의 원칙에 충실하게 사는 것만이 참된 삶이라고 강조한다. 그는 글의 시작부터 "온통 장사꾼들의 세상이다", "일, 일, 일 외에는 아무것도 없다"며 세상을 비판한다.

측량사이기도 했던 소로는 자기가 측량작업을 할 때 사람들은 정확한 측량을 해주기를 바라기보다는 그들 자신에게 더 많은 토지를 안겨주는 쪽으로 측량을 해주기를 바란다고 지적하고 그것은 잘못된 일이라고 비판했다. 나아가 그는 더 많은 자유를 원한다고 말한다.

"나는 내 자유를 다른 그 무엇보다 더 중요하게 생각한다. 나는 나와 사회의 관계나 사회에 대한 나의 의무가 지극히 사소하고 일시적인 것에 불과하다고 생각한다. 내 생계를 유지시켜주고 동시대 사람들에게 얼마간 도움도 되는 나의 시시한 노동은 지금 나에게 하나의 즐거움일 뿐 반드시 필요한 것은 결코 아니다."[150]

소로는 욕심을 부려 하루 종일 일하면서 자신을 사회에 판매하는

----
150 《케이프코드와 논문》, p. 460.

사람은 타락할 수밖에 없다고 주장한다. "생계를 위해 인생의 대부분을 소비하는 인간만큼 치명적인 실패자는 없다"[151]는 것이다.

이어 소로는 황금에 미친 세상과 타락한 인간들을 질타한다. 특히 대중적인 사상에 젖어, 아니 아무런 사상도 없이 도당이나 만드는 지식인들을 비난한다. 또한 신문도 일상의 대화도 공허하고 무익하기 짝이 없다고 비판하고 자연을 가까이 하라고 권한다. 앞에서 인용한 바 있는 다음 구절을 다시 음미해보자.

> "여름이 시작될 때부터 가을이 한창일 때까지 당신은 신문이나 뉴스를 잊고 지낼 수 있었다. 지금 와서 생각해보면 그 이유는 아침과 저녁이 당신에게 와서 많은 뉴스를 전해주었기 때문임을 알 수 있다. 당신의 산책은 사건으로 가득 차 있다. 당신의 관심을 끄는 것은 유럽의 정세가 아니라 매사추세츠 들판에서 일어나는 당신 자신의 일이다. (…) 태양이 매일 뜨고 지는 것을 실제로 보고 우리 자신을 우주의 사실과 관련시킨다면 우리는 언제나 건전함을 잃지 않으리라."[152]

소로는 미국이 정치적 폭군으로부터는 자유로우나 여전히 경제적, 도덕적 폭군의 노예라고 말한다. 즉 미국인들은 영국의 왕으로부터는 자유로워졌지만 편견의 왕에게는 노예로 잡혀있다는 것이다. 그

151 《케이프코드와 논문》, p. 461.
152 《케이프코드와 논문》, pp. 472~473.

는 이렇게 묻는다.

> "정치적 자유를 가졌다 해도 그것이 도덕적 자유를 갖기 위한 수단으로서 가진 것이 아니라면 도대체 무슨 가치가 있을까? 우리가 자랑하는 자유는 노예가 되기 위한 자유인가, 아니면 자유롭게 되기 위한 자유인가? 우리는 소위 정치인들의 국민으로서 오로지 외부로부터 자유를 방어하는 것만을 걱정하고 있다. 진정한 자유는 우리의 손자세대에 이르러서야 가능할지도 모른다. 우리의 세제는 불공평하다. 국민의 일부는 그들의 대표를 의회에 보내지 못하고 있다. 그야말로 대표 없는 과세다." [153]

이어 소로는 미국의 노예제와 상업주의 등을 엄격하게 비판한다. "정치란 다른 것에 비해 너무 천박하고 비인간적인 것이다. 그래서 나는 국가와 내 관계를 분명히 인정한 적이 단 한 번도 없다." [154] 그는 정치나 생계는 무의식적으로 이루어져야 할 것으로, 인간의 기능에 못 미치는 식물적인 소화기능에 불과하다고 비판하면서 다음과 같이 글을 맺는다.

> "우리는 언제나 소화불량 인간으로서 악몽을 말하기 위해 모이는데, 그러지 말고 가끔은 소화양호 인간으로서 영원히 빛나는 아

....
153 《케이프코드와 논문》, p. 477.
154 《케이프코드와 논문》, p. 480.

침을 축복하기 위해 모일 수는 없는 것일까? 나는 그렇게 하는 것이 결코 불가능한 일이라고 생각하지 않는다."[155]

소로의 만년과 유고

1860년 12월에 에이브러햄 링컨이 대통령에 당선됐다. 링컨은 소로가 비판한 정치가 가운데 한 사람이었다. 링컨은 노예제 반대론자였지만 존 브라운의 행동에 반대하고 그를 처형하는 데 찬성했기 때문이었다. 게다가 링컨은 선거운동 기간 중에 더욱 타협적으로 변해 도망노예법에 찬성하고 노예제가 시행되는 주의 기존상황 유지를 보장하겠다고 약속했다. 그럼에도 불구하고 남부의 여러 주는 링컨이 대통령에 취임하기도 전에 연방에서 탈퇴해 남부연방을 결성한 다음 노예소유를 허용하는 헌법을 제정하고 임시대통령을 선출했다.

이에 따라 언제 전쟁이 터질지 모르는 일촉즉발의 위기상황이 전개됐다. 그러자 소로는 정치에 대해 침묵하고 다시 자연에 몰입했다. 이후 그는 강연과 집필을 계속하다가 1862년 5월 6일에 죽었다. 죽음을 앞둔 그에게 친구들은 아편을 먹어 고통을 가라앉히라고 권유했다. 그러나 그는 명석한 정신으로 마지막 고통을 참아내고 싶다면서 거절했다.[156]

소로가 죽은 뒤 1864년에 《메인 숲》, 1865년에 《케이프코드》가 각

....
155 《케이프코드와 논문》, p. 482.
156 Joseph Wood Krutch, Henry David Thoreau(American Men of Letters Series, Methuen, 1948), p. 244.

각 출판됐다. 소로는 월든에서 지내던 1846년에 처음으로 메인 숲을 방문했고, 그때부터 그곳의 생태계와 인디언의 습속에 관심을 갖게 됐다. 그래서 1853년과 1857년 두 번에 걸쳐 그곳을 다시 방문했다. 그런 방문의 기록을 담은 3편의 기행문을 묶은 것이 바로 《메인 숲》이다. 《케이프코드》는 소로가 1849년, 1850년, 1855년, 1857년에 방문했던 케이프코드의 생태에 관한 관찰기록이다.

이 밖에도 소로는 방대한 분량의 자연관찰 기록을 남겼다. 그 가운데 가장 중요한 것은 《낙엽(The Fall of the Leaf)》, 《야생의 열매 (Wild Fruits)》, 《씨앗의 확산(The Dispersion of the Seed)》이다.

소로가 1861년경에 집필한 것으로 보이는 《씨앗의 확산》은 그가 죽은 지 131년 만인 1993년에 《씨앗에 대한 신뢰: '씨앗의 확산'과 자연사에 관한 최근의 글들(Faith in a Seed: 'The Dispersion of Seeds' and Other Late Natural History Writings)》(Island Press)에 포함돼 출판됐다. 《씨앗의 확산》은 다양한 씨앗의 확산을 추적함으로써 식물의 군락(community)과 천이(succession)를 발견한 과정을 기록한 글이며 1860년 이후에 그가 읽은 다윈의 영향을 보여준다.

《야생의 열매》는 소로가 죽은 지 137년 만인 1999년 11월에 출판됐으나 21세기의 개막을 기념한다는 이유에서 책에 출판일을 2001년 1월로 인쇄했다. 이때 출판된 책에는 이미 출간된 바 있는 《야생의 사과(Wild Apples)》(1862)와 《허클베리》(1970)도 포함됐다. 《야생의 열매》는 야생열매를 주식으로 삼는 인디언에 관한 이야기를 비롯해 뉴잉글랜드 지역의 야생열매와 토지의 역사를 담고 있다.

5장 소로가 끼친 영향

톨스토이와 소로

소로는 살아있을 때 거의 무명인사였고, 죽은 뒤에도 오랫동안 크게 주목받지 못했다. 1906년에 최초로 소로 전집이 발간됐을 때도 그는 그저 '숲 속의 로빈슨 크루소' 정도로만 알려졌다.[157] 그해의 베스트셀러는 업턴 싱클레어의 《정글(The Jungle)》이었는데 소로는 정글로 묘사된 대도시 문명에 대립한 자연주의 작가 정도로 이해됐을 뿐 그의 저작이 지닌 정치적인 의미는 전혀 알려지지 않았다.

그러더니 미국이 아닌 외국에서 소로가 높게 평가되기 시작했다. 그것도 소로가 지닌 자연인의 면모보다는 자유인의 면모가 주목을 받았다. 그것은 옳은 관점이었다. 자유인 소로를 스타로 만드는 데 처음으로 기여한 외국인은 다름 아닌 톨스토이다.

톨스토이는 1900년경에 우연히 소로의 《시민저항》을 읽었다. 그

---

157 Oliver Wendell Holmes, Ralph Waldo Emerson(Houghton, Mifflin & Co., 1985), p. 72.

글에 감동을 받은 톨스토이는 국가를 거부하는 모범을 보인 소로를 찬양하는 한편 미국인은 왜 그런 소로의 말에 귀를 기울이지 않고 백만장자나 장군 등의 말에만 귀를 기울이느냐고 묻는 글[158]을 썼다. 그때 톨스토이가 가장 강조한 것은 개인은 양심에 따라 비폭력적인 행동을 해야 한다는 점이었다.

소로처럼 톨스토이도 교회와 국가를 거부했다. 교회는 기독교를 부패시키는 조직이고 국가는 살인과 착취에 근거한 조직이라고 보았기 때문이다. 또한 톨스토이는 애국주의에도 반대했다. 애국주의는 이기주의와 명예욕의 표현인 동시에 전쟁의 원인이 되기 때문이었다. "억압받는 사람들의 애국심은 다른 관점에서 바라볼 필요가 있다"는 주장에 대해 톨스토이는 "그런 애국심의 뿌리는 더욱 격렬해서 전쟁을 야기할 위험이 훨씬 크기 때문에 더 더욱 위험하다"고 대답했다. 지배와 착취에 반대하기 위해 애국심이 필요한 것은 아니라고 그는 주장했다. 이런 주장을 편 톨스토이가 20세기의 가장 민족주의적인 지도자인 간디에게 영향을 미친 사실을 아이러니라고 본다면 그렇게 볼 수도 있겠으나 이 점에 대해서는 좀더 신중하게 살펴볼 필요가 있다.

톨스토이는 아나키스트들이 추구한 정치적 암살에도 반대했다. 그는 이렇게 물었다. "왜 아나키스트 단체는 사람들을 살해하는 것보다 훌륭한 수단, 즉 사람들의 삶을 향상시키는 수단은 추구하려고 하지 않는가?"[159] 톨스토이는 황제나 국왕이 아니라 '황제를 즉위시키고

158 Leo Tolstoy, Writing on Civil Disobedience and Nonviolence(New Society Publishers, 1987), p. 169.
159 위의 책, p. 210.

뒷받침하는 자들'과 '사람들의 생사를 좌우하는 힘이 부여된 지위'가 압제와 전쟁의 원인이므로 그런 자들과 그런 지위를 만들어내는 사회적 조건을 제거해야 한다고 생각했다. 이런 그의 생각은 앞에서 본 라보에티의 글을 연상하게 한다. 톨스토이는 소로와 달리 라보에티의 글을 읽은 게 확실하다.

톨스토이는 정치제도 자체의 변혁에는 흥미가 없었다. 그는 이렇게 말했다. "참된 기독교 교의는 결코 인간의 제도 또는 조직을 폐지하거나 변혁할 것을 주장하지 않는다. 기독교라는 종교가 다른 모든 종교나 사회적 교의와 구분되게 하는 결정적인 요소는 모든 사람의 인생을 법률로 규제하는 것에 의해서가 아니라 한 사람 한 사람의 인생 위로 참된 빛을 비춰줌으로써 그들이 진실한 인생의 가능성을 찾을 수 있게 한다는 점이다."[160]

그럼에도 톨스토이는 여론의 힘을 믿었고, 특히 미국의 노예제 반대운동가인 윌리엄 로이드 개리슨을 찬양했다. 톨스토이는 개리슨이 1838년에 '보스턴 평화회의'에 보낸 글을 《신의 나라는 네 안에 있다》에 인용했다. 그렇지만 톨스토이는 저항을 완전히 개인적인 행동으로 이해했을 뿐 정치적인 집단행위로 보지 않았다.

간디와 소로

톨스토이는 남아프리카에서 활동하고 있던 간디에게도 관심을 가졌

---

160 위의 책, p. 183.

고, 두 사람은 몇 통의 편지를 교환하기도 했다. 그러나 개인적인 저항에 그친 톨스토이와 달리 간디는 그 저항을 인도의 독립운동과 연결시켰다.

간디는 런던에 있을 때 소로의 전기를 쓴 솔트를 만나 그가 편집한 소로 선집 《반노예제와 개혁론(Anti-slavery and Reform Papers)》(1890)을 읽었고, 특히 《시민저항》에 주목했다. 그는 그 뒤에 남아프리카와 인도에서 쌓은 다양한 경험을 바탕으로 자신의 비폭력 저항의 사상을 형성하고 그것을 사탸그라하(satyagraha)라고 불렀다. 그는 1907년 10월 26일자 〈인디언 오피니언〉에 《시민저항》을 실었고 나중에 그것을 팸플릿으로도 발행했다. 이때 이후로 《시민저항》은 간디의 성경이 됐다. 그는 이 책을 언제나 곁에 두었고, 특히 감옥에 갈 때는 반드시 가지고 갔다고 한다.

1915년에 남아프리카에서 인도로 귀국한 간디는 처음에는 정치문제에 관여하지 않고 자급자족을 목표로 한 공동체운동과 지역문제에 관심을 갖고 활동했다. 일차대전이 일어나자 영국은 전쟁에서 인도가 자국을 도와주면 나중에 인도에 자치권을 주겠다고 약속했고, 간디는 그 약속을 믿고 인도 사람들에게 영국에 협조할 것을 촉구했다. 그러나 영국은 약속을 깨고 오히려 인도의 민족운동을 탄압하기 위해 롤라트법을 제정했다. 1919년 4월에 암리차르 시에서 롤라트법에 반대하는 대규모 집회가 열렸다. 영국은 무방비 상태로 모인 시위군중을 무자비한 폭력으로 진압했고, 그 과정에서 수천 명의 사상자가 발생했다. 이 사건을 계기로 간디는 영국에 대한 비협력운동, 소금세 신설에 대한 반대운동, 불복종운동 등을 주도하게 된다.

간디는 자신이 이끄는 저항운동에서 폭력적인 방법을 일체 배제했다. 이는 사탸그라하 사상에 따른 것이었다. 그는 자신의 저항을 수동적 저항과 명확하게 구분했다.[161] 수동적 저항은 약자의 무기(저항수단)로서 목적달성을 위해 폭력도 불사하지만 사탸그라하는 강자의 무기로서 어떠한 폭력도 허용하지 않는다는 것이다.[162] 실제로 그는 자신이 이끄는 운동이 사탸그라하 사상의 범위를 벗어나는 기미를 보이면 지체 없이 운동을 중단했다.

그러나 폭력과 비폭력에 대한 간디의 사상은 그렇게 단순한 것만은 아니었고 매년 그 내용이 변하기도 했다. 그는 비폭력주의자는 절대로 폭력을 행사해서는 안 되지만 극한의 부정에 저항할 때는 생명을 버릴 각오를 해야 한다는 이유에서 폭력행위를 인정하기도 했다. 이 점은 톨스토이와 달리 그가 소로와 통함을 보여준다.

독일 태생의 유태인 정치철학자인 한나 아렌트는 간디의 비폭력 저항이 영국이 지배하는 인도가 아니라 스탈린이 지배하는 러시아나 히틀러가 지배하는 독일, 또는 일본제국에서 이루어졌다면 그 결과는 민족해방이 아닌 학살과 굴복으로 나타났을 것이라고 지적했다. 그러나 아렌트도 권력자가 폭력을 사용해 승리하더라도 그의 권력은 폭력의 사용으로 인해 약화된다는 점에서 자신이 휘두른 폭력의 대가를 지불해야 한다고 말했다.

....

161 The Collected Works of M. K. Gandhi(The Publication Division, Ministry of Information and Broadcasting, Government of India, 1958~1970), vol. 7, p. 455.
162 M. K. Gandhi, Satyagraha(Navajivan Publishing House, 1958), p. 6.

마오쩌둥은 권력은 총구에서 나온다고 했다. 실제로 마오쩌둥을 비롯한 모든 독재자의 권력은 폭력적이었다. 권력이 반드시 폭력에 의존한다면 권력에 반발하는 것은 무모한 행위가 된다.[163] 그러나 간디 이후 비폭력적인 반식민지 투쟁이나 민주화 투쟁이 성공한 사례들은 억압적이고 권위주의적인 독재체제야말로 가장 붕괴하기 쉽다는 역설을 보여준다. 이런 역설이 성립하는 것은 아렌트도 말했듯이 권력은 대중의 자발적인 협력에 근거를 두기 때문이다. 아렌트는 이렇게 말했다. "인간에게는 협동행위를 하는 능력이 있다. 권력은 결코 개인의 소유물이 될 수 없다. 권력은 집단에 속하고 집단이 기능하는 경우에만 존속한다."[164]

20세기와 소로

영국의 노동당은 창립된 해인 1900년에 정치교과서의 하나로 《시민저항》을 출판했다. 일차대전이 끝나고 1920년대에 이르렀을 때는 이미 사회비평가이자 개인주의자로서의 소로가 서방의 거의 모든 분야에 영향을 미치고 있었다.[165] 당시의 대표적인 사상서인 패링턴(V. L. Parrington)의 《미국사상의 주류(Main Currents in American Thought)》에서 가장 중시된 책도 소로의 《시민저항》이었다.

....

163 Hannah Arendt, On Violence(Allen Lane, 1970), pp. 47~50.
164 같은 책, p. 44.
165 헨리 밀러, 마르셀 프루스트, 윌리엄 예이츠 같은 문인 외에 프랭크 로이드 라이트(Frank Lloyd Wright, 1867~1959) 같은 건축가도 소로의 영향을 받았다.

이 시기에 소로의 사회비평가적 면모가 부각된 데는 여러 가지 이유가 있다. 우선 1917년에 러시아혁명이 일어나자 전 세계에 공산주의에 대한 공포가 퍼졌다는 점을 들 수 있다. 바로 그때 "지배하지 않는 정부가 가장 좋은 정부"라고 외친 소로의 사상은 공산주의에 이의를 제기하는 것으로 여겨졌고, 이와 동시에 자본주의를 비판하는 아나키즘적 진보주의 내지 이보다 폭넓은 진보적 민주주의에 새로운 이론적 틀을 제공하는 것으로도 여겨졌다. 뿐만 아니라 소로의 사상은 소박한 생활을 존중하는 미국의 청교도적 보수주의에도 어느 정도 호소력을 발휘했다. 그래서 당시에 소로는 진보와 보수, 양쪽 모두에서 환영을 받았다.

이차대전 중에 소로는 덴마크 국민에게 용기의 원천이 됐다. 몰래《시민저항》을 돌려 읽고 소로의 저항정신을 배운 덴마크 사람들이 나치가 유태인으로 하여금 달고 다니게 한 노란 별표시를 자기들도 모두 달고 다니는 운동을 벌임으로써 나치의 악법을 무력화시켰던 것이다. 덴마크의 국왕도 이 운동에 참여했다. 그러자 나치는 왕을 연금하고는 왕이 병들었다고 발표했다. 이에 덴마크 국민이 너도나도 왕에게 꽃을 보내 수도 코펜하겐으로 통하는 모든 길과 수도 안의 모든 길이 왕에게 꽃을 전하려는 배달부들로 막혀버렸다. 나치는 결국 왕의 건강이 기적적으로 회복됐다고 발표하고 그를 풀어주었다.

1950년대 초에 미국은 매카시즘의 광풍에 휩싸였다. 미국정부 안의 공산주의자와 그 동조자 200여 명을 추방하라는 조지프 매카시 상원의원의 폭탄발언은 경제와 사회 전반에 걸친 빨갱이 사냥으로 이어졌다. 매카시는 미국 국내는 물론 전 세계에서 소로의 《시민저항》을 없애려고 했다. 그러나 매카시즘에 반대하는 지식인들은 '지금이야말로 자유를 위한 목소리를 높여야 할 때'임을 주장하는 광고를 내고 거기에 소로의 얼굴을 실었다.

1960년대에 소로는 두 가지 새로운 경향, 즉 근원적 민주주의와 생태주의 운동과 관련해 주목을 받았다. 마틴 루서 킹이 《자유를 향한 투쟁(Stride Toward Freedom)》(1958)에서 소로의 《시민저항》을 언급한 이후 소로가 반체제의 불빛으로 재인식된 것이었다. 흑인인권 운동가인 킹이 비폭력적 저항의 사상적 선구자로 소개한 인물 중에는 간디와 톨스토이도 포함돼 있었다.

마틴 루서 킹은 애틀랜타에 있는 모어하우스대학에 1학년으로 재학 중이던 1944년에 소로의 책을 처음 읽었다. 그는 "나쁜 제도에는 협력하지 말라"는 소로의 메시지에 감동을 받았다. 더구나 소로는 킹의 선조인 흑인들과 함께 노예해방 운동을 벌인 인물이었다. 킹은 그 후에 신학교에서 간디에 관한 글을 읽었다.

1955년 12월에 앨라배마 주에 있는 몽고메리 시의 버스에서 흑인인 한 부인이 백인인 남자에게 자리를 양보하지 않았다는 이유로 경찰에 체포됐다. 이 사건을 계기로 킹은 '몽고메리 버스 보이콧' 운동을 이끌었는데, 이런 그의 행동은 소로의 《시민저항》에서 힌트를 얻은 결과였다. 사실 소로는 폭력적 저항을 주장하는 내용의 글도 썼다. 그러나 비폭력적 저항운동가인 킹은 이런 사실에 대해서는 아무런 언급도 하지 않았다.

같은 시기에 흑인운동을 이끈 또 한 인물이 있다. 바로 맬컴 엑스다. 그는 킹과 달리 폭력도 불사한 급진적인 흑인인권 운동가였다. 그는 소로에 대해 전혀 언급하지 않았다. 이는 아마도 그가 백인 중심의 사상을 모두 부정했기 때문인 듯하다.

나는 이렇듯 다시 부활한 소로의 사상이 한국에는 그 일부로만, 다시 말해 비폭력주의로만 소개된 것을 유감스럽게 생각한다. 그래서 이 책에서 나는 지금까지 한국에 거의 소개되지 않은 소로의 폭력주의 사상을 접할 수 있는 《존 브라운 대장을 위한 변호》 등을 비교적 자세히 소개했다. 이는 폭력주의자로서의 소로의 면모를 부각시키기 위해서가 아니라 비폭력주의자로만 그가 소개된 것이 잘못이라고 생각하기 때문이다.

사실 킹보다 소로에 더 가까운 사람은 레이철 카슨이다. 그녀가 쓴 《침묵의 봄》(1962)은 우리나라에서도 유명한 책이지만 소로와 관련해 논의된 적은 없다. 그러나 이 책이야말로 소로의 사상을 가장 잘 계승하고 발전시킨 것이라고 할 수 있다. 이 책에는 《월든》에 표현된 생태적 상상력과 문화라는 근본적 측면에서 자연을 명상하는 소로의 태도가 그대로 계승돼 있다. 카슨과 함께 소로의 직접적인 영향을 받은 또 한 사람을 든다면 사회생태주의자이자 아나키스트인 머레이 북친[166]을 꼽을 수 있다. 근대 서양의 기계론적 합리주의와 결합된 진보 이데올로기를 북친만큼 철저히 비판한 사람은 없다.

1970년대에 미국은 1960년대에 진보주의가 과연 존재하기나 했

---

[166] 머레이 북친 지음, 박홍규 옮김, 《사회생태주의란 무엇인가》(민음사, 1998)를 참고하라.

는지 의심스러울 정도로 급속히 보수화됐다. 1980년대 말에는 동구권이 해체됐다. 프랜시스 후쿠야마는 《역사의 종언과 최후의 인간》(1992)에서 서양의 자유민주주의와 과학의 승리를 찬양했다. 그는 과학과 기술이 환경문제를 비롯한 모든 문제를 해결할 것이고 자연은 그러한 인간의 개입에 의해 인간이 사는 장소로 완전하게 변할 것이라고 주장했다.

사실 미국에서든 한국에서든, 아니 세계 어디에서든 그런 식의 생각을 하는 사람들이 여전히 다수파이고 지배자들임이 분명하다. 따라서 소로나 그를 이은 20세기의 킹, 카슨, 북친과 같은 사람들은 모두 소로의 시대에 소로가 그러했듯이 소수파이고 지배자들과 대립하는 반체제파다. 그러나 한국에서는 소로나 카슨이 자연주의자나 환경주의자로만 칭송돼왔고, 그들의 반체제적 성격은 킹의 비폭력주의를 뒷받침하는 정도로만 인식됐을 뿐 거의 무시돼왔다.

자연 문학과 소로

1970년대의 보수화된 미국사회에서 망각됐던 소로는 1980~1990년대에 미국 자연문학(Nature Writing)의 선구자로 부활했다. 그의 생태주의와 저항주의가 함께 인식됐고, 과학과 예술을 결합시킨 사람으로 그가 다시 인식됐다. 또한 아메리카 원주민에 대한 새로운 인식이 생겨나면서 그들 원주민에 대한 소로의 깊은 관심도 다시 조명됐다. 소로에 대한 이러한 새로운 인식은 소로를 단순한 자연찬미자로만 보던 전

통적인 인식과 구별된다는 점에서 대단히 시사적이다.[167]

물론 이러한 새로운 인식이 사회적으로나 문학적으로 미국이나 세계의 주류적 인식인 것은 아니고, 한국에서는 전혀 논의된 바 없다. 그러나 그것은 미국을 비롯한 세계의 여러 나라에서 환경이 문학의 중요한 주제로 새롭게 부각되고 있음을 보여준다는 점에서 역사적인 의미를 갖고 있다.

지난 수십 년에 걸쳐 다양한 학문분야에서 환경이 새로운 주제로 다뤄지면서 환경을 고려한 새로운 학문적 체계가 수립돼왔지만 문학은 예외였다. 그러나 이제 비로소 문학도 환경에 눈을 돌린 것이다. 그동안 문학이 환경을 등한시해온 이유는 문화와 자연, 정신과 신체, 자아와 환경을 이원적이고 대립적인 것으로 파악한 데 있었다. 그러나 이제 뒤늦게나마 문학이 환경과 생태에 관심을 두게 된 것은 다행스러운 일이다.

1980년대와 1990년대에 걸쳐 소로가 다시 부상하게 된 과정을 살펴보면 이렇다. 우선 미국 각지에서 생태주의, 다원적 문화주의, 페미니즘 등과 밀접한 관계를 가진 작가들이 활발하게 활동을 벌이며 주목을 받기 시작했다. 생태주의 측면에서 그들은 자연문학으로 통칭되는 그들 나름의 독특한 문학양식을 창조했는데 그 시조로서 소로가 재인식되기 시작했다. 환경사학자인 내시(Roderick Frazier Nash)는 《자연의 권리(The Right of Nature)》(1989)에서 종교와 철학의 생태화가 진행되고 있다면서 그 근저에 소로가 있다고 했다.

....
167 Joseph Krutch, Great American Nature Writing(William Sloane Associates, 1950), pp. 4~5.

이처럼 문화 전반에 걸쳐 소로에 대한 재평가가 이루어지는 것과 관련해 로런스 뷰얼(Lawrence Buell)은 '환경적 상상력(Environmental Imagination)'이라는 표현을 만들었다. 뷰얼의 저서인 《환경적 상상력》에는 '소로, 자연문학, 그리고 미국문화의 형성(Thoreau, Nature Writing, and the Formation of American Culture)'이라는 부제가 달려 있다. 이 책에서 뷰얼은 소로의 《월튼》을 미국문화의 원형으로 평가하고 소로를 잇는 미국 자연문학 작가 가운데 한 사람으로 에드워드 애비(Edward Abbey)를 들었다.[168] 최근 우리나라에서도 애비의 작품과 그에 대한 평전이 나왔으니 그런 책을 보면 그가 왜 소로를 잇는 작가로 평가되는지를 이해할 수 있을 것이다.[169]

이렇게 해서 소로는 부활했지만 아직은 '자연문학'과 같은 문학

---

168 특히 에드워드 애비 지음, 신소희 옮김, 《소로와 함께 강을 따라서》 (문예출판사, 2004)는 애비가 소로를 찬양하며 쓴 책이다.

169 그렇다고 해서 소로의 저작만이 미국문학이나 세계문학에서 유일한 자연문학이라고 주장하려는 것은 아니다. 미국이 아닌 다른 나라의 문학에도 자연문학이 있다. 하지만 자연문학은 미국문학의 한 가지 특징이었다고 볼 수 있고, 소로의 저작도 그러한 미국의 자연문학 가운데 하나로 보는 것이 타당할 것이다. 미국문학은 물질적 진보주의 이데올로기에 젖은 지배엘리트를 편협하고 이기적이며 비도덕적인 인간들의 집단으로 비판하고 그들과는 반대되는 인간상, 가령 멜빌의 《모비딕》에 나오는 이슈메일과 같이 조직사회로부터 탈출하려는 인물을 이상형으로 묘사하곤 했다. 소로의 《월튼》을 비롯해 내서니얼 호손의 《주홍글씨》, 랠프 왈도 에머슨의 《자연》, 월트 휘트먼의 《풀잎》, 마크 트웨인의 《허클베리 핀의 모험》, 어니스트 헤밍웨이의 《닉 애덤스》, 프랜시스 피츠제럴드의 《위대한 개츠비》, 존 업다이크의 《토끼》 시리즈, 켄 케시의 《뻐꾸기 둥지 위로 날다》 등에서 그런 인물을 만날 수 있다. 그들은 자아의 회복과 자연의 회복을 결부시키면서 지배적인 엘리트 문화와 관계를 끊고 자연과 가까운 영역에서 단순하면서도 만족스러운 삶의 양식을 찾아내고자 한다. 이런 특징은 물론 미국이 아닌 다른 나라의 문학에서도 발견할 수 있다. 그러나 미국문학에서는 이런 특징이 아메리카대륙의 대자연을 배경으로 해서 형성됐다는 점에서 더욱 뚜렷하다. 그리고 이런 특징을 보여주는 미국 문학작품 속의 주인공들이 원래부터 야생의 존재인 것은 아니다. 그들은 원래는 지배엘리트의 일원, 도시거주자, 문화인이지만 자연으로 돌아가거나 자연을 회복시키려고 노력하는 존재인 경우가 많다. 소로는 그 자신이 바로 그런 존재다.

풍조나 '생태비평'과 같은 비평풍조의 선구자로 평가되는 수준을 크게 넘어서지 못하고 있는 게 사실이다. 그렇기에 부활한 소로가 마치 박제된 표본 같은 느낌을 주는 데 머무르고 있다는 점에서 나로서는 무척 안타깝다. 앞에서 여러 차례 말했지만 소로를 단순히 자연주의자나 자연을 사랑한 시인 정도로 이해해서는 안 된다. 또한 그를 과거의 정신적 거인으로 숭상하는 데 그치지 말고 그의 정신을 현재로 끌어와 되살려야 한다.

포스트모더니즘과 소로

포스트모더니즘과 생태비평(자연문학 포함)은 미셸 푸코가 말했듯이 이제는 인간이 의미의 중심이 될 수 없으며, 대신 세계의 여러 요소가 하나의 망을 형성하면서 상호관련성이 생겨나고 있다는 시각을 공유해왔다. 그러나 그 망이라는 게 무엇이냐에 대한 생각은 서로 달랐다.

포스트모더니즘은 그 망을 텍스트성, 즉 의미의 관계성으로 보았지만 생태비평은 그 망을 넓은 의미의 자연(대지)으로 보았다. 포스트모더니즘은 모든 것을 텍스트로 환원시킨다. 그 속에서는 문화도 인간도 자연도 모두 텍스트적 구조물이다. 그러나 생태비평은 세계를 실체가 있는 것으로 본다. 자연문학은 특히 자연, 다시 말해 땅이나 나무나 생물은 인간이 만들 수 없는 것이지만 그런 것들이 인간과 인간이 영위하는 도시, 인간관계, 정치와 연결되면서 복잡한 세계를 구성한다고 보았다.

이렇게 볼 때 자연문학과 생태비평은 단편화와 탈중심화를 향해 나아가는 포스트모더니즘의 감성과는 근본적으로 다르다. 자연문학에서는 대지(즉 토지 또는 땅)와 그 대지에 대한 '장소감각(sense of place)'이 가장 중요하다. 그래서 자연문학이 '장소의 문학(literature of place)'이라고 불리기도 한다. 즉 자연문학은 작가가 자신이 사는 장소에 대한 감각을 추구하는 것이며, 작가가 추상적인 철학적 사고나 가족을 비롯한 인간관계에 선행하는 '현재 살고 있는 장소'의 토지, 물, 동식물, 기후 등과 맺는 관계에 자신의 정체성과 문학의 근거를 둔다. 그동안의 문학이 사회경제적 요소의 상부구조만을 문제 삼은 반면에 자연문학은 그 하부구조를 문제 삼는다. 이는 토지를 소유하는 인간보다는 토지에 귀속되는 인간을 바라보는 관점이라고 할 수 있다.

장소에 대한 감각과 함께 중요하게 여겨지는 것으로 '오염에 대한 감각'과 '생태적 종말에 대한 의식'이 있다. 이런 감각과 의식은 이제 세계는 모든 자연이 오염되어 자연으로서의 의미를 상실한 자연이후(postnatural)의 시대에 돌입하고 있다는 생각으로 연결된다. 그러나 그렇다고 해서 자연문학이 단순히 비관론에 빠지는 것은 아니다. 자연문학은 자연에 대한 새로운 개념의 구축을 지향한다는 점에서 역설적인 낙관론이라고 할 수 있다. 이런 점에서는 소로야말로 가장 낙관적인 사람이었다.

우리는 소로를 자연문학의 선구자로 주목해야겠지만 그런 측면의 소로만 보아서는 안 된다. 그는 청교도주의의 신학적 자연관에 맞서 생태적 자연관을 내세웠고, 청교도주의의 문화적 질곡으로부터 개인을 해방시키고자 했으며, 자연과 생명을 중시하는 환경주의와 평화주의의 토대를 확고하게 다졌다. 이런 측면의 소로도 재조명돼야 한다. 또한 소로는 인디언과 공감을 나누었다는 점에서 에머슨과 같은 당대의 다른 백인 지식인들과 달랐다. 그러나 무엇보다 중요한 점은 그가 미국의 멕시코 침략, 도망노예법의 집행, 존 브라운의 처형 등에 개입하며 기존 체제에 저항한 행동인이었다는 사실이다.

스나이더와 소로

게리 스나이더(Gary Snyder)를 가리켜 20세기의 소로라고들 한다. 두 사람 모두 새로운 삶의 방식을 실험하기 위해 숲 속에 집을 지었다. 소로는 1845년에 월든 호숫가에, 스나이더는 1970년에 시에라네바다 산맥의 숲 속에 각각 오두막을 세웠다. 125년을 사이에 두고 미국의 동해안과 서해안에 오두막이 세워진 셈이다.

스나이더는 생태지역주의자다. 생태지역주의는 국가에 지역을, 자연 수탈에 자연 보전을, 경쟁에 협동을, 중앙집권에 지방분권을, 획일성에 다양성을, 대립에 공생을, 단일문화에 문화다양성을 각각 대치시킨다. 따라서 산맥, 강, 생태계에 의해 구분된 어떤 한 지역에 거주하면서 그곳의 자연환경과 조화를 이루고 생태적 책임성 있게 사는 사람이라면 그를 생태지역주의자고 부를 수 있다. 또한 생태지역주의자는 자신이 사는 곳의 환경을 외부의 파괴적 침탈로부터 지켜내야 한다. 이렇게 볼 때 소로는 선구적인 생태지역주의자다. 게리 스나이더는 웬

델 베리(Wendell Berry)와 함께 바로 그러한 소로를 잇는 시인이다.[170]

소로는 월든 호수 주변을 자세히 조사하고 그곳 원주민의 족적을 기록했다. 스나이더 역시 150년 전에 황금러시에 의해 파괴된 시에라 네바다 산맥의 원주민 역사를 시로 읊었다. 소로가 혼자 힘으로 지은 오두막은 다른 생물과 공유하는 개방적이고 경계가 없는 집이었다. 스나이더의 집도 기본적으로는 소로의 오두막과 마찬가지이나 그 모양이 농가나 인디언의 집과 유사하다. 그는 소로와 달리 가족과 함께 살아야 했으므로 집을 좀 더 크고 복잡하게 지었고, 그 집을 혼자 지을 수 없어서 친구, 시인, 학생 등과 함께 지었다. 이는 물론 소로와 달리 스나이더는 처음부터 새로운 공동체를 형성한다는 생각을 갖고 있었기 때문이다. 두 사람의 집은 각각 현지의 나무로 지어졌다. 하지만 스나이더는 태양광 등 현대기술도 집 짓는 데 이용했다.

소로의 오두막이 고독과 단절이 강조되는 형태로 지어져 경험과 기억을 축적하는 것이 불가능했던 반면에 스나이더의 집은 그렇게 하는 것이 가능하다. 월든 호숫가의 오두막은 19세기 당시의 일반적인 교외 오두막과 같은 모습이었지만 물질 대신 정신을 강조하는 개혁의 상징이었다.[171] 1960~1970년대에 시도된 대안건축의 하나인 스나이더의 집은 원주민의 전통과 서구문화를 융합하려는 시도의 상징이다.

둘 사이의 가장 큰 차이는 일시성과 영속성이다. 소로의 오두막

170 Lawrence Buell, The Environmental Imagination: Thoreau, Nature Writing, and the Formation of American Culture(Harvard University Press, 1995), pp. 405~408.
171 W. Barksdale Maynard, 'Thoreau's House at Walden', The Art Bulletin, 81(1999), pp. 303~325.

은 2년여로 끝났다. 그래서 《월든》을 미완의 작품이라고도 한다. 반면에 스나이더의 집은 영속적이다. 일본을 비롯한 세계의 여러 지역에서 살아본 스나이더가 시에라네바다 산맥 속에 정착한 지 벌써 30년이 넘었다. 소로가 미완으로 남긴 작업을 스나이더가 이어가고 있다고 볼 수 있겠다.

어떤 이는 역사가 진보한다고 한다. 그럴지도 모른다. 그렇지만 역사를 더 길게, 더 멀리 보면 과연 그런 것인지 알 수 없다. 소로를 이야기하다 보면 그런 생각이 든다.

소로가 당대의 사람들에게는 인정받지 못했지만 지금은 인정받고 있는 것, 특히 한국에서도 인정받고 있는 것은 그만큼 세상이 좋아지고 교육으로 사람들의 지성이 발달한 덕분인지도 모른다. 어쨌든 소로가 유명해진 것은 다행이다.

그러나 만약 소로가 오늘의 한국에 다시 태어난다면 과연 오늘의 한국이 그가 살았던 19세기의 미국보다 낫다고 말할까? 소로가 그렇게도 개탄한 상업주의, 출세주의, 기계주의, 물질주의가 오늘의 한국에서는 더할 수 없을 정도로 극단화돼 있다. 물론 그렇더라도 소로는 현실에서 도피하지는 않을 것이다.

소로의 삶을 다시 정리해보자. 그는 지극히 평범한 집안 출신이었다. 고향에서 가까운 하버드대학을 다녔지만, 1830년대의 하버드대학은 지금과 같은 '세계 최고의 대학'이 아니었다. 설령 세계 최고의 대학이었다 해도 그런 사실이 그의 삶에 결정적인 요소는 아니었을 것이다.

소로는 어린 시절에 몸에 익힌 원칙, 즉 자신의 양심에 따라 살아야 한다는 원칙을 철저히 지켰다는 점에서 남달랐다. 그런 그에게 목구멍이 포도청이라며 세상에 적응하고 타협하는 것은 차라리 굶어죽는 것보다 더 고통스러운 일이었다. 그는 하버드대학을 졸업하고 처음으로 가진 직업인 교사직에서 겨우 2주 만에 물러났다. 당시 교사라면 누구나 들고 다녔던 회초리를 들고 다니기를 거부했다는 이유에서였다. 그는 학생에 대한 체벌을 공개적으로 거부했다.

이어 소로는 형과 함께 체벌이 없고 자연에서 공부하는 것을 중시하는 작은 학교를 열었지만 3년 만에 학교 문을 닫았다. 여러 가지 이유가 있었지만 가장 큰 이유는 어떤 일에서 만족할 만한 성공을 거두게 되면 더 이상 그 일을 계속하고 싶어 하지 않은 소로 자신의 성격에 있었다. 앞에서 인용한 바 있는 그의 직업철학을 다시 음미해보자.

"나는 내 자유를 다른 그 무엇보다 더 중요하게 생각한다. 나는 나와 사회의 관계나 사회에 대한 나의 의무가 지극히 사소하고 일시적인 것에 불과하다고 생각한다. 내 생계를 유지시켜주고 동시대 사람들에게 얼마간 도움도 되는 나의 시시한 노동은 지금 나에게 하나의 즐거움일 뿐 반드시 필요한 것은 결코 아니다."

소로에게 자유와 자연은 하나였다. 문명이 자연에 대한 반대이듯이 국가는 자유에 대한 반대였다. 그러므로 그를 반문명의 자연인으로만 이해하는 것은 문제가 있다. 오히려 그를 반국가의 자유인으로 이해해야 반문명의 자연인이라는 그의 면모도 분명하게 이해할 수 있다.

그러나 솔직히 말해 《월든》을 비롯한 소로의 저작들은 읽기가 결코 쉽지 않다. 그나마 그가 강연을 위해 쓴 짧은 글들이 비교적 읽기가 쉽다. 그래서 나는 소로를 처음 만나는 분이라면 《월든》이나 《일주일》과 같은 긴 글보다는 《시민저항》이나 《산책》과 같은 짧은 글을 먼저 읽어보라고 권하고 싶다. 아니 어쩌면 그의 책보다도 그의 짧은 삶이 더욱 감동적이고 우리의 삶에 도움이 되니 굳이 그의 책을 읽을 필요조차 없는지도 모른다.

이 책을 맺으면서 나는 다시 한 번 그가 소비사회가 추구하는 욕망의 논리를 철저히 부정하고 최소한의 노동으로 삶에 반드시 필요한 것만 갖추고 살면서 남는 시간은 자연을 관찰하고 독서를 하는 데 쓰며 지냈음을 강조하고자 한다. 바로 이런 점에서 그는 진정한 독서인, 자연인, 학자였고, 무엇보다 먼저 순수한 인간이었다.

게다가 소로는 권력과 권위를 거부하거나 대체로 무시하며 살았지만, 노예제와 같이 정의롭지 못한 제도나 법에 대해서는 적극적으로 저항했다. 이 책에서 나는 그가 결코 비폭력주의자가 아니었음을 강조했다. 비폭력적인 방법으로 정의를 실현하는 것이 가장 이상적임은 틀림없다. 그러나 폭력이 불가피한 경우까지 비폭력을 고집함으로써 정의의 실현을 불가능하게 해서는 안 되는 것 아닐까?

또한 우리는 소로가 모든 면에서 세속적인 잣대를 철저히 거부하고 오로지 자기만의 방식으로 단순소박하게 '멋대로' 살았다는 점에 주목할 필요가 있다. '멋대로' 사는 삶은 스스로 왕따가 돼야 하는 고독한 삶이다. 소로는 바로 그렇게 살면서 끝까지 타협하지 않고 자신이 소중히 여기는 가치를 지켰다.

이 책을 읽고 소로에게 공감을 느끼는 독자라면 지금 대한민국을 지배하는 삶의 방식을 비판하고 거부해야 할 것이다. 고급 아파트, 고가 승용차, 골프, 별장, 성형수술, 고급 브랜드, 사치스러운 관광여행, 상업적인 텔레비전 프로그램, 대중을 현혹하는 저급한 공연물 등 모든 천박한 사치와 허영, 그리고 퇴폐를 당장 거부해야 한다. 그 모든 것을 등지고 시골이나 산속으로 들어가는 것도 괜찮다. 다만 그런 것들 가운데 일부를 갖고 가서 안락한 전원생활을 하는 것은 위선이며 해악을 초래한다.

이 책의 결론은 간단하다. 모든 물질문명을 거부할 수는 없고 그럴 필요도 없지만 물질문명의 지배를 받게 되지 않을 정도로는 그것을 거부해야 인간 본연의 순수함을 되찾을 수 있다는 것이다. 독자 여러분 가운데 자신이 지금 소로처럼 살고 있다고 생각되는 사람은 그 삶이 옳다는 확신을 갖기 바라고, 앞으로 소로처럼 살고자 하는 사람은 소로가 보여준 지혜와 용기로부터 격려받기를 바란다.